NAJLEPSZA KSIĄŻKA KUCHENNA WIŚNIOWA

Poznaj słodko-cierpkie smaki wiśni w 100 pysznych przepisach

Janina Malinowska

Prawa autorskie ©2024

Wszelkie prawa zastrzeżone

Żadna część tej książki nie może być wykorzystywana ani rozpowszechniana w jakiejkolwiek formie i w jakikolwiek sposób bez odpowiedniej pisemnej zgody wydawcy i właściciela praw autorskich, z wyjątkiem krótkich cytatów użytych w recenzji. Niniejsza książka nie powinna być traktowana jako substytut porady lekarskiej, prawnej lub innej porady zawodowej.

SPIS TREŚCI

SPIS TREŚCI **3**
WSTĘP **6**
PODSTAWOWE PRZEPISY **7**
   1. Sok wiśniowy 8
   2. Syrop Wiśniowy 10
   3. likier wiśniowy 12
   4. Nadzienie do ciasta wiśniowego 14
   5. Konserwy Wiśniowe 16
   6. Wiśniowy proszek 18
   7. Dżem wiśniowy 21
   8. Sos Wiśniowy 23
   9. Mleko Wiśniowe 25
   10. Wiśniowy winegret 27
   11. Masło Wiśniowe 29
   12. Gotowane Wiśnie 31
   13. Pieczone Wiśnie 33
ŚNIADANIE I BRUNCH **35**
   14. Wiśniowy Chleb Bananowy 36
   15. Wiśnia i Pistacje Owsianka 39
   16. Angielska muffinka nadziewana wiśniami 41
   17. Bułeczki z wiśniami Amaretto 43
   18. Nocne płatki owsiane z lawendą i wiśnią 45
   19. Rogalik z preclami nadziewanymi wiśniami 47
   20. Gorąca czekolada wiśniowa 49
   21. Wiśniowe tosty francuskie 51
   22. Wiśniowe naleśniki migdałowe 54
   23. Wafle brandy wiśniowe 56
   24. Urodzinowy chlebek wiśniowo-orzechowy 58
   25. Pączek z dżemem wiśniowym 61
   26. Biszkopt wiśniowy 64
   27. Naleśniki Toblerone z brandyowymi wiśniami 66
   28. Wiśniowe naleśniki 68
   29. Kawa Wiśniowa 70
   30. Wiśniowa bułka czekoladowa s 72
PRZEKĄSKI **75**
   31. Trufle czekoladowe nadziewane wiśniami 76
   32. Batony Wiśniowe 78
   33. Babeczki Wiśniowe Bliss 80
   34. Ciasteczka Wiśniowe Wiatraczek 83
   35. Komosa wiśniowa bar 85
   36. Klastry wiśni z ciemnej czekolady 87

37. Wiśniowe kulki rumowe ... 89
38. Wiśnie w ciemnej czekoladzie ... 91
39. Wiśniowe obroty ... 93
40. Placuszki z rumem i wiśniami ... 95
41. Wiśniowy popcorn ... 97
42. Mieszanka wiśniowego szlaku ... 99
43. Ptysie z kremem wiśniowym ... 101
44. Wiśniowe ciasteczka ... 104
45. Chrupiące przysmaki z ryżu i wina wiśniowego ... 106
46. Wiśniowe Kulki Energetyczne ... 108
47. Wiśniowe ciasteczka ... 110
48. Chrupiące przysmaki z ryżu i wina wiśniowego ... 113

DESER ... 115

49. Sernik wiśniowy z czerwoną lustrzaną polewą ... 116
50. Ciasto kruche z wiśniami i orzechami laskowymi ... 120
51. wiśni, rabarbaru i melona ... 122
52. Lody Wiśniowo - Jagodowe Amaretto ... 124
53. Okruchy mleka wiśniowego ... 126
54. Parfait wiśniowy ... 128
55. Krem wiśniowy Dacquoise ... 130
56. Cappuccino Jagodowe chrupiące ... 133
57. Wiśnia Bavarois ... 135
58. Odwrócone ciasto wiśniowe ... 137
59. Krem z wiśni i migdałów ... 139
60. Ciasto Brownie Wiśniowe ... 141
61. Wiśniowy Szewc ... 143
62. Ciasto Kremowe ... 145
63. Mus cytrynowo-wiśniowo-orzechowy ... 147
64. Mus wiśniowy ... 149
65. Semifreddo z podwójną wiśnią ... 151
66. Tarta Wiśniowa Wirująca Lody Kokosowe ... 154
67. Staroświeckie lody ... 157
68. Wiśnia i Migdał Pavlova ... 159
69. Świeży placek wiśniowy ... 161
70. Lody wiśniowe ... 163
71. Lody Sernik Wiśniowy ... 165
72. Ciasto wiśniowe ... 167
73. Brama Wiśniowa ... 169
74. Suflet wiśniowy ... 171
75. Wiśniowe tiramisu ... 173
76. Budyń Chia z owocami wiśni ... 176
77. Cannolo Wiśniowe ... 178
78. Tarta Wiśniowa ... 181
79. wiśniowe z ciasteczkami ... 183

80. Wiśniowy Bircher 186
81. Wiśniowe Zuccotto 188
82. Wiśnia Boule-de-Neige 190

NAPOJE 193
83. Bourbon wiśniowo-waniliowy 194
84. Lemoniada Wiśniowa 196
85. Wiśniowe Tutti-frutti 198
86. Poncz ananasowo- wiśniowy 201
87. Koktajl z burbonem i wiśnią 203
88. Odświeżający ogórek wiśniowy 205
89. Limeada Wiśniowa 207
90. Woda wiśniowo-miętowa 209
91. Makieta Wiśniowa I Pietruszkowa 211
92. Mrożona mokka wiśniowa 213
93. Likier śledziowy Bing C 215
94. Bourbon wiśniowo-waniliowy 217
95. Wiśniowa brandy 219
96. Koniak z dodatkiem wiśni 221
97. Wiśniowa Kombucha 223
98. Wiśniowe Martini 225
99. Koktajl mleczny Wiśnia Boba 227
100. Koktajl wiśniowo-waniliowy 229

WNIOSEK 231

WSTĘP

Witamy w „NAJLEPSZA KSIĄŻKA KUCHENNA WIŚNIOWA", przewodniku odkrywającym zachwycające słodko-cierpkie smaki wiśni poprzez 100 wyśmienitych przepisów. Wiśnie o żywym kolorze i nieodpartym smaku to ukochany owoc, którym cieszą się ludzie na całym świecie. W tej książce kucharskiej celebrujemy wszechstronność i smakowitość wiśni, prezentując ich unikalny profil smakowy w szerokiej gamie kreacji kulinarnych.

W tej książce kucharskiej wyruszysz w kulinarną przygodę po świecie wiśni, odkrywając bogactwo przepisów podkreślających ich słodki i cierpki smak. Od klasycznych ciast wiśniowych i dżemów owocowych po pikantne dania, takie jak kurczak w glazurze wiśniowej i wyraziste sałatki – każdy przepis został opracowany tak, aby pokazać wyśmienitą wszechstronność tego ukochanego owocu. Niezależnie od tego, czy jesteś fanem słodkich deserów, czy pikantnych dań głównych, w tej kolekcji każdy znajdzie coś dla siebie.

Tym, co wyróżnia „NAJLEPSZA KSIĄŻKA KUCHENNA WIŚNIOWA", jest nacisk na kreatywność i innowacyjność. Chociaż wiśnie często kojarzą się z klasycznymi deserami, takimi jak ciasta i szewce, ta książka kucharska odkrywa ich potencjał w szerokiej gamie dań, od przysmaków śniadaniowych po pikantne przystawki i nie tylko. Dzięki łatwym do wykonania instrukcjom i pomocnym wskazówkom zainspirujesz się do eksperymentowania z wiśniami na nowe i ekscytujące sposoby, dodając smaku każdemu posiłkowi.

W tej książce kucharskiej znajdziesz praktyczne porady dotyczące wyboru, przechowywania i przygotowywania wiśni, a także wspaniałe zdjęcia, które będą inspiracją do Twoich kulinarnych kreacji. Niezależnie od tego, czy pieczesz na specjalną okazję, organizujesz przyjęcie, czy po prostu chcesz delektować się pysznym wiśniowym poczęstunkiem, „NAJLEPSZA KSIĄŻKA KUCHENNA WIŚNIOWA" ma wszystko, czego potrzebujesz, aby w pełni wykorzystać te wspaniałe owoce.

PODSTAWOWE PRZEPISY

1. Sok wiśniowy

SKŁADNIKI:
- 3 szklanki wiśni; dojrzałe i świeże lub mrożone
- ½ szklanki wody

INSTRUKCJE:
a) Zacznij od umycia wiśni i usunięcia pestek.
b) Po prostu przełóż wydrylowane wiśnie przez zsyp sokowirówki i pozwól maszynie wykonać pracę.
c) Przetwarzaj miąższ jeszcze raz lub dwa razy, aby wydobyć z owoców jak najwięcej soku.

2.Syrop Wiśniowy

SKŁADNIKI:
- ½ szklanki świeżych wiśni
- ½ szklanki cukru
- ½ szklanki wody

INSTRUKCJE:
a) W małym rondlu na małym ogniu podgrzej cukier z wodą.
b) Dodaj wiśnie do syropu i pozostaw je na noc w szczelnym pojemniku.
c) Odcedź i wyrzuć wiśnie.

3. likier wiśniowy

SKŁADNIKI:
- 4 szklanki wódki
- 4 szklanki mrożonych ciemnych wiśni bez pestek, rozmrożonych
- 2 szklanki granulowanego cukru

INSTRUKCJE:
a) Rozdziel dużą butelkę wódki równomiernie pomiędzy dwa litrowe słoiki konserwowe, napełniając każdy słoik nieco więcej niż 2 szklankami wódki.
b) Do każdego słoika dodaj dwie szklanki wiśni.
c) Do każdego słoika dodaj 1 szklankę granulowanego cukru.
d) Dokładnie zakręć pokrywki i mocno potrząśnij słoikami, aby dokładnie wymieszać składniki.
e) Umieść słoiki w ciemnej szafce lub innym ciemnym miejscu na co najmniej 1 miesiąc. W tym okresie należy wstrząsać słoiczkami przynajmniej dwa razy w tygodniu lub kiedy tylko przyjdzie na myśl. W tym czasie cukier całkowicie się rozpuści. Wódka będzie aromatyzowana po 1 miesiącu, ale dla głębszego smaku i koloru można pozwolić jej parzyć dłużej.
f) Po zaparzeniu likieru odcedź jeden ze słoików likieru do dużej szklanej miarki z dzióbkiem do nalewania. Następnie zlej likier do dwóch wysterylizowanych butelek o pojemności 8,5 uncji z ciasno dopasowanymi pokrywkami. Powtórz ten proces z drugim słoikiem.
g) Umieść wszystkie wiśnie w jednym z litrowych słoików i uzupełnij rumem, bourbonem lub brandy, aby uzyskać wiśnie koktajlowe. Można je również podzielić na mniejsze słoiczki, aby uzyskać wspaniałe prezenty, szczególnie odpowiednie dla fanów staroświeckiego koktajlu.
h) Butelki z likierem i wiśniami przechowuj w chłodnym i suchym miejscu, np. w szafce lub spiżarni.

4.Nadzienie do ciasta wiśniowego

SKŁADNIKI:
- 4 szklanki (616 g) wiśni bez pestek, rozmrożonych, jeśli zostały zamrożone
- 1 szklanka (198 g) cukru kryształu
- 2 łyżki soku z cytryny
- ¼ szklanki (28 g) skrobi kukurydzianej
- Mała szczypta soli
- Opcjonalnie: ⅛ łyżeczki cynamonu

INSTRUKCJE:
a) W średnim rondlu ustawionym na średnim ogniu połącz wiśnie, cukier granulowany, sok z cytryny, skrobię kukurydzianą, małą szczyptę soli i opcjonalnie cynamon. Dobrze wymieszaj.
b) Jeśli Twoje wiśnie nie są zbyt soczyste, rozważ dodanie wody do mieszanki. Ilość potrzebnej wody może wahać się od kilku łyżek stołowych do ½ szklanki, w zależności od zawartości wilgoci w owocach. Pomaga to w uzyskaniu pożądanej konsystencji.
c) Doprowadzić mieszaninę do wrzenia. Gdy zacznie wrzeć, zmniejsz ogień do średnio-niskiego.
d) Gotuj na wolnym ogniu przez 8-10 minut lub do momentu, aż mieszanina zgęstnieje. Jeśli zauważysz, że mieszanina przykleja się do patelni, zmniejsz ogień do małego i dodaj odrobinę wody, aby zapobiec przywieraniu.
e) Zdejmij rondelek z ognia i poczekaj, aż nadzienie z wiśniami lekko ostygnie.

5. Konserwy Wiśniowe

SKŁADNIKI:

- 1 funt pestek wiśni (świeżych lub mrożonych)
- 1 ½ szklanki granulowanego cukru
- 1 łyżka świeżo wyciśniętego soku z cytryny
- ½ łyżeczki skórki z cytryny
- 1 łyżka masła

INSTRUKCJE:

a) Zacznij od umycia i przygotowania wiśni. Jeśli używasz mrożonych wiśni, nie ma potrzeby ich wcześniejszego rozmrażania.

b) W średnim rondlu wymieszaj wiśnie, cukier granulowany, świeżo wyciśnięty sok z cytryny i skórkę z cytryny.

c) Mieszaj składniki na średnim ogniu, aż cukier całkowicie się rozpuści, co powinno zająć około 5 minut.

d) Zwiększ ogień i doprowadź mieszaninę do wrzenia. Pozostawić do wrzenia na 3 minuty, następnie zdjąć z ognia i dodać łyżkę masła.

e) Ponownie postaw rondelek na ogniu i ponownie doprowadź do wrzenia. Następnie zmniejsz ogień do średniego. Często mieszaj i rozgniataj wiśnie, kontynuując gotowanie, aż dżem zgęstnieje. Możesz także sprawdzić temperaturę. Powinna ona osiągnąć 104°C. Zwykle zajmuje to około 10–15 minut.

f) Pozwól dżemowi lekko ostygnąć i ostrożnie przełóż go do czystego, hartowanego słoika.

g) Gdy dżem całkowicie ostygnie, zamknij słoik i przechowuj go w lodówce.

6. Wiśniowy proszek

SKŁADNIKI:

- Wiśnie świeże lub mrożone

INSTRUKCJE:

a) Zacznij od umycia i dokładnego wysuszenia wiśni. W razie potrzeby usuń wszystkie łodygi i pestki.
b) Jeśli masz mrożone wiśnie, upewnij się, że są całkowicie rozmrożone i osusz je.
c) Przygotowane wiśnie ułóż na tacach suszarki w jednej warstwie, upewniając się, że się nie stykają.
d) W przypadku wiśni ustaw suszarkę na temperaturę około 135°F (57°C).
e) Susz wiśnie przez około 8-12 godzin lub do momentu, aż będą całkowicie suche i łamliwe. Czas może się różnić w zależności od suszarki i wilgotności wiśni.
f) Rozgrzej piekarnik do najniższej możliwej temperatury (zwykle około 170°F lub 75°C).
g) Przygotowane wiśnie ułożyć w jednej warstwie na blasze wyłożonej papierem do pieczenia.
h) Lekko uchyl drzwiczki piekarnika za pomocą drewnianej łyżki lub naczynia żaroodpornego, aby umożliwić ucieczkę wilgoci.
i) Piecz wiśnie przez 6-10 godzin, regularnie je sprawdzając. Są gotowe, gdy są całkowicie suche i łamliwe.
j) Pozostaw suszone wiśnie do ostygnięcia do temperatury pokojowej.
k) Przełóż suszone wiśnie do młynka do przypraw, blendera lub robota kuchennego. Jeśli wolisz grubszą konsystencję, możesz użyć moździerza i tłuczka.
l) Zmiel lub zmiel suszone wiśnie, aż uzyskasz drobny proszek. Może to potrwać kilka minut, w zależności od sprzętu.
m) Przenieś proszek wiśniowy do hermetycznego pojemnika, takiego jak szklany słoik z szczelnie zamykaną pokrywką.
n) Przechowuj go w chłodnym, suchym miejscu, z dala od bezpośredniego światła słonecznego.

o) Proszek wiśniowy może być stosowany jako naturalny środek aromatyzujący i barwiący w różnych przepisach. Świetnie nadaje się do dodawania aromatu wiśniowego do koktajli, płatków owsianych, wypieków, sosów, a nawet domowych lodów.
p) Dostosuj ilość proszku wiśniowego do smaku, w zależności od przepisu, którego używasz.

7.Dżem wiśniowy

SKŁADNIKI:
- 3 szklanki świeżych wiśni, wypestkowanych i posiekanych
- ½ szklanki niesłodzonego soku jabłkowego
- 2 łyżeczki soku z cytryny
- 2 (2 uncje) opakowania sproszkowanej pektyny owocowej
- 3 szklanki białego cukru
- 4 półlitrowe słoiki konserwowe z pokrywkami i pierścieniami

INSTRUKCJE:

a) W dużym rondlu ustawionym na średnim ogniu połącz wiśnie, sok jabłkowy, sok z cytryny i sproszkowaną pektynę owocową. Doprowadzić mieszaninę do wrzenia i dodać biały cukier. Pozostawić dżem do wrzenia przez 2 minuty, ciągle mieszając. Zdejmij z ognia i usuń pianę.

b) Sterylizuj słoiki i pokrywki do konserw, umieszczając je we wrzącej wodzie na co najmniej 5 minut. Zapakuj gorący dżem wiśniowy do wysterylizowanych słoików, napełniając je do wysokości ¼ cala od góry. Po napełnieniu słoików przeciągnij po ich wnętrzu nożem lub cienką szpatułką, aby pozbyć się pęcherzyków powietrza.

c) Wytrzyj brzegi słoików wilgotnym ręcznikiem papierowym, aby usunąć wszelkie pozostałości jedzenia. Nakryj każdy słoik pokrywką i przykręć pierścienie.

d) Ustaw stojak na dnie dużego garnka i napełnij go do połowy wodą.

e) Doprowadzić wodę do wrzenia na dużym ogniu. Ostrożnie opuść napełnione słoiki do garnka za pomocą uchwytu na słoiki, upewniając się, że między nimi jest 2-calowy odstęp.

f) W razie potrzeby dodaj więcej wrzącej wody, utrzymując poziom wody co najmniej 1 cal nad wierzchołkami słoików.

g) Doprowadź wodę do pełnego wrzenia, przykryj garnek i gotuj przez 15 minut lub zgodnie z zaleceniami lokalnego agenta ds. przedłużania.

h) Wyjmij słoiki z garnka i umieść je na pokrytej tkaniną lub drewnianej powierzchni, w odległości kilku cali od siebie.

i) Pozwól im ostygnąć. Po ostygnięciu naciśnij palcem górną część każdej pokrywki, aby zapewnić szczelne zamknięcie (pokrywka nie powinna poruszać się w górę ani w dół).

j) Przechowuj dżem wiśniowy w chłodnym, ciemnym miejscu.

8.Sos Wiśniowy

SKŁADNIKI:
- 4 szklanki czereśni (świeżych lub mrożonych) bez pestek
- ¼ do ⅓ szklanki wody
- 1 łyżka skrobi kukurydzianej
- 1 łyżka soku z cytryny
- 2 łyżki cukru

INSTRUKCJE:
a) Do średniego rondla (z ognia) wlać wodę. Użyj ⅓ szklanki wody w przypadku świeżych wiśni i ¼ szklanki wody w przypadku mrożonych wiśni. Wymieszaj 1 łyżkę skrobi kukurydzianej, 1 łyżkę soku z cytryny i 2 łyżki cukru.
b) Postaw rondelek na średnim ogniu i ciągle mieszaj, aż mieszanina zacznie gęstnieć.
c) Dodaj wiśnie i gotuj, mieszając od czasu do czasu, aż sos lekko się zagotuje. Zajmie to około 6-10 minut w przypadku świeżych wiśni i 12-15 minut w przypadku mrożonych wiśni. Sos powinien zgęstnieć i równomiernie bulgotać, a nie tylko na brzegach. Po osiągnięciu tego celu zdejmij go z ognia.
d) Pozwól sosowi ostygnąć do temperatury pokojowej, następnie przykryj go i przechowuj w lodówce w szklanym słoju lub pojemniku Tupperware, aż będziesz gotowy do użycia. W miarę upływu czasu będzie jeszcze bardziej gęstnieć.

9.Mleko Wiśniowe

SKŁADNIKI:
- 6 uncji mleka migdałowego
- 4 uncje kwaśnego soku wiśniowego
- 1 łyżka miodu lub syropu klonowego

INSTRUKCJE:
a) W małym garnku podgrzej mleko migdałowe i kwaśny sok wiśniowy na średnim ogniu.
b) Zdjąć z ognia i wymieszać z miodem.
c) Pij ciepło.

10. Wiśniowy winegret

SKŁADNIKI:
- 1 szklanka wiśni, wypestkowanych i przekrojonych na pół
- 2 łyżki czerwonego octu winnego
- 1 łyżka octu malinowego (lub polewy balsamicznej)
- 3 łyżki oliwy z oliwek z pierwszego tłoczenia

INSTRUKCJE:
a) Zacznij od umycia, wypestkowania i podzielenia wiśni na pół.
b) Wszystkie składniki sosu umieść w małym robocie kuchennym lub kompaktowym, wysokoobrotowym blenderze. Mieszaj, aż mieszanina stanie się gładka.
c) Spróbuj sosu i dostosuj przyprawy według własnych upodobań.
d) Jeżeli dressing wydaje się zbyt gęsty można dodać 1-2 łyżki wody do uzyskania pożądanej konsystencji.
e) Wiśniowy winegret przechowuj w hermetycznym pojemniku w lodówce. Można go przechowywać 3-4 dni.

11. Masło Wiśniowe

SKŁADNIKI:
- 5 funtów wiśni bez pestek
- 1-2 szklanki granulowanego cukru

INSTRUKCJE:
a) Rozpocznij od wypestkowania wiśni za pomocą ręcznej miarki lub metody duszenia opisanej powyżej.
b) Po wypestkowaniu wiśni zmiksuj je na gładki mus.
c) Przenieś puree do wolnowaru i gotuj na małym ogniu przez 8 do 16 godzin lub do czasu, aż puree wiśniowe zredukuje się o połowę i stanie się dość gęste.
d) Użyj blendera zanurzeniowego, aby ponownie zmiksować mieszaninę, aż będzie bardzo gładka. Dodaj cukier według własnego uznania i mieszaj, aż całkowicie się rozprowadzi i rozpuści.
e) Wlać gotowe masło wiśniowe do półlitrowych słoików, upewniając się, że na górze jest ½ cala wolnej przestrzeni.
f) Wytrzyj brzegi słoików do czysta, nałóż pokrywki i pierścienie, a następnie umieść słoiki w pojemniku z wrzącą wodą przez 15 minut.
g) Po upływie czasu ostrożnie wyjąć słoiki i położyć je na złożonym ręczniku kuchennym, aby ostygły. Gdy słoiki ostygną na tyle, że będziesz mógł je wygodnie trzymać, sprawdź uszczelki.
h) Zamknięte słoiki można przechowywać w temperaturze pokojowej nawet przez rok. Wszelkie niezamknięte słoiki należy przechowywać w lodówce i natychmiast zużyć.

12. Gotowane Wiśnie

SKŁADNIKI:
- 24 pestki wiśni
- 250 ml czerwonego wina
- 2 łyżki brązowego cukru
- 1 laska cynamonu
- 1 łyżeczka ziaren czarnego pieprzu
- Nasiona z 1 laski wanilii

INSTRUKCJE:
a) Zacznij od delikatnego podgrzania czerwonego wina i brązowego cukru w rondlu, mieszając, aż cukier całkowicie się rozpuści.
b) Laskę cynamonu i ziarna czarnego pieprzu zawiń w gazę, mocno zawiąż i dodaj do rondla z winem.
c) Do rondelka włóż wiśnie i nasiona wanilii, dokładnie wymieszaj i zagotuj.
d) Kontynuuj gotowanie przez kilka minut, aż wiśnie staną się miękkie.
e) Następnie ostrożnie wyjmij wiśnie z patelni łyżką cedzakową i przełóż je do miski.
f) Kontynuuj gotowanie mieszaniny wina, aż uzyska konsystencję syropu.
g) Ponownie włóż wiśnie na patelnię, zdejmij z ognia i dobrze wymieszaj, aby owoce połączyły się z syropem.

13. Pieczone Wiśnie

SKŁADNIKI:
- 4 szklanki pestek wiśni
- 1 łyżka oliwy z oliwek
- ¼ łyżeczki drobnej soli morskiej
- ¼ łyżeczki czarnego pieprzu
- 3 łyżki świeżej pietruszki, posiekanej

INSTRUKCJE:
a) Rozgrzej piekarnik do 450 stopni i wyłóż blachę papierem pergaminowym.
b) Za pomocą pestki do wiśni usuń pestki z wiśni.
c) W misce wymieszaj wiśnie z oliwą z oliwek, solą morską i czarnym pieprzem, aż będą dobrze pokryte. Rozłóż przygotowane wiśnie na wyłożonej blachą blasze.
d) Wiśnie pieczemy w nagrzanym piekarniku przez 15 minut.
e) Po upieczeniu wyjmij wiśnie z piekarnika i posyp je posiekaną świeżą natką pietruszki. Delikatnie wrzuć wiśnie, gdy ostygną na tyle, że można je z nimi obchodzić.
f) Możesz cieszyć się pieczonymi wiśniami na ciepło jako dodatek do drugiego dania lub przechowywać je w lodówce do pięciu dni, aby wykorzystać je w sałatkach lub jako smaczną przekąskę.

ŚNIADANIE I BRUNCH

14. Wiśniowy Chleb Bananowy

SKŁADNIKI:
NA CHLEB BANANOWY:
- 3 dojrzałe banany, rozgniecione
- ½ szklanki roztopionego, niesolonego masła
- 1 szklanka granulowanego cukru
- 2 duże jajka
- 1 łyżeczka ekstraktu waniliowego
- 1 ½ szklanki mąki uniwersalnej
- ¼ szklanki kakao w proszku
- 1 łyżeczka sody oczyszczonej
- ½ łyżeczki soli
- ½ szklanki półsłodkich kawałków czekolady

NA polewę:
- 1 szklanka świeżych wiśni, wypestkowanych i przekrojonych na połówki
- ¼ szklanki granulowanego cukru
- ¼ szklanki wody
- 1 łyżka skrobi kukurydzianej
- Bita śmietana (do podania, opcjonalnie)

INSTRUKCJE:
a) Rozgrzej piekarnik do 175°C (350°F). Nasmaruj tłuszczem i mąką formę do pieczenia chleba o wymiarach 9 x 5 cali.
b) W misce miksującej rozgnieć dojrzałe banany widelcem na gładką masę.
c) W osobnej dużej misce wymieszaj roztopione masło i granulowany cukier, aż dobrze się połączą.
d) Do masy maślano-cukrowej dodaj jajka i ekstrakt waniliowy i ubijaj, aż masa będzie gładka.
e) W drugiej misce przesiej mąkę uniwersalną, kakao, sodę oczyszczoną i sól.
f) Stopniowo dodawaj suche składniki do mokrych, mieszaj tylko do połączenia. Nie przesadzaj.
g) Delikatnie dodaj półsłodkie kawałki czekolady.
h) Do przygotowanej formy do pieczenia ciasta wlać ciasto bananowe.

i) Piec w nagrzanym piekarniku przez 60-70 minut lub do momentu, aż wykałaczka włożona w środek będzie sucha.
j) W czasie gdy chleb bananowy się piecze, przygotuj polewę. W rondlu wymieszaj wydrylowane i przekrojone na połówki wiśnie, cukier granulowany i wodę. Doprowadzić do wrzenia na średnim ogniu.
k) W małej misce wymieszaj skrobię kukurydzianą z łyżką wody, aby uzyskać zawiesinę. Dodaj tę zawiesinę do gotującej się mieszanki wiśniowej i mieszaj, aż sos zgęstnieje. Zdjąć z ognia i pozostawić do ostygnięcia.
l) Po upieczeniu chleb bananowy wyjmij go z piekarnika i pozostaw do ostygnięcia na blasze przez około 10 minut, a następnie przenieś go na metalową kratkę, aby całkowicie ostygł.
m) Gdy chleb bananowy ostygnie, połóż na nim polewę wiśniową.
n) Opcjonalnie podawaj kromki chleba bananowego z kleksem bitej śmietany.

15. Wiśnia i Pistacje Owsianka

SKŁADNIKI:
- 2 szklanki tradycyjnych płatków owsianych
- 2 ¼ szklanki wody
- 2 ¼ szklanki mleka
- ½ łyżeczki soli
- ¼ łyżeczki gałki muszkatołowej
- 1 łyżka miodu
- 1 łyżka suszonej żurawiny
- 1 łyżka suszonych wiśni
- 1 łyżka prażonych pistacji

INSTRUKCJE:
a) Dodaj wszystkie składniki do Instant Pot, z wyjątkiem żurawiny, wiśni i pistacji.
b) Zamocuj pokrywę szybkowaru i naciśnij przycisk funkcyjny „Ręcznie".
c) Dostosuj czas do 6 minut i gotuj pod wysokim ciśnieniem.
d) Po sygnale zwolnij ciśnienie w sposób naturalny i zdejmij pokrywkę.
e) Przygotowane płatki owsiane wymieszaj i podawaj w misce.
f) Na wierzchu udekoruj żurawiną, wiśniami i pistacjami.

16. Angielska muffinka nadziewana wiśniami

SKŁADNIKI:
- 2 duże jajka
- ½ szklanki niesłodzonego waniliowego mleka migdałowego
- 2 łyżki syropu klonowego
- ¼ łyżeczki ekstraktu waniliowego
- 1 łyżeczka mielonego cynamonu
- Sok z ½ cytryny
- 2 pełnoziarniste angielskie babeczki pokrojone w 1-calową kostkę
- ¼ szklanki orzechów makadamia
- ½ szklanki świeżych wiśni bez pestek
- Syrop klonowy (opcjonalnie)

INSTRUKCJE:
a) Rozgrzej piekarnik do 190 stopni C (375 stopni F).
b) Nasmaruj dwie kokilki nieprzywierającym sprayem do gotowania i odłóż je na bok.
c) W misce wymieszaj jajka, mleko migdałowe, syrop klonowy, ekstrakt waniliowy, mielony cynamon i sok z cytryny.
d) W drugiej misce wymieszaj kostki angielskich muffinów, orzechy makadamia i świeże wiśnie. Podzielić tę mieszaninę równomiernie pomiędzy dwa przygotowane kokilki.
e) Wlać mieszaninę jajek na angielską muffinkę i mieszankę wiśniową do kokilek.
f) Włóż kokilki do nagrzanego piekarnika i piecz przez około 22 do 25 minut lub do momentu, aż krawędzie zaczną się chrupać, a tosty francuskie się zetną.

17. Bułeczki z wiśniami Amaretto

SKŁADNIKI:
- 2 filiżanki mąki uniwersalnej
- ½ szklanki) cukru
- 2 łyżeczki proszku do pieczenia
- ½ łyżeczki soli
- ½ szklanki niesolonego masła, schłodzonego i pokrojonego w kostkę
- ½ szklanki suszonych wiśni, posiekanych
- ¼ szklanki posiekanych migdałów
- ¼ szklanki amaretto
- ½ szklanki gęstej śmietanki
- 1 jajko, ubite

INSTRUKCJE:
a) Rozgrzej piekarnik do 375°F.
b) W dużej misce wymieszaj mąkę, cukier, proszek do pieczenia i sól.
c) Za pomocą noża do ciasta lub palców pokrój masło na suche składniki, aż mieszanina będzie przypominała grube okruchy.
d) Dodaj suszone wiśnie i pokrojone migdały.
e) W osobnej misce wymieszaj amaretto, gęstą śmietanę i jajko.
f) Wlać mokre składniki do suchych i mieszać, aż mieszanina się połączy.
g) Wyrośnięte ciasto wyłóż na blat posypany mąką i delikatnie ugniataj, aż utworzy się zwarta kula.
h) Rozwałkuj ciasto na okrąg o grubości około 1 cala.
i) Pokrój okrąg na 8 klinów.
j) Kotleciki ułożyć na blasze wyłożonej papierem do pieczenia.
k) Wierzch bułeczek posmaruj niewielką ilością kremu.
l) Piec przez 20-25 minut, aż będzie złocistobrązowy i ugotowany.
m) Podawać na ciepło z odrobiną glazury amaretto (zrobionej z cukru pudru i amaretto).

18. Nocne płatki owsiane z lawendą i wiśnią

SKŁADNIKI:

- 1 szklanka orzechów nerkowca
- 2 ½ szklanki wody
- ½ łyżeczki suszonej lawendy kulinarnej
- 1 łyżka cukru
- 1 łyżeczka świeżego soku z cytryny
- 1 łyżeczka czystego ekstraktu waniliowego
- 1 szklanka płatków owsianych
- 1 szklanka świeżych wiśni, wypestkowanych i przekrojonych na połówki
- 2 łyżki posiekanych migdałów

INSTRUKCJE:

a) Umieść orzechy nerkowca i wodę w blenderze o dużej mocy i zmiksuj, aż uzyskasz kremową i gładką masę. W zależności od mocy blendera może to zająć do 5 minut.

b) Dodaj lawendę, cukier, sok z cytryny, ekstrakt waniliowy i małą szczyptę soli. Mieszaj pulsacyjnie, a następnie odcedź za pomocą sitka lub torebki z mlekiem orzechowym.

c) Do miski wlej mleko z nerkowców i lawendy i wymieszaj z płatkami owsianymi. Przykryj i włóż do lodówki, aby namoczyć przez 4-6 godzin lub przez noc.

d) Przed podaniem przełóż płatki owsiane do dwóch misek, dodaj wiśnie i migdały. Cieszyć się!

19.Rogalik z preclami nadziewanymi wiśniami

SKŁADNIKI:
- 2 świeże rogaliki z preclami
- 6 łyżek twarogu lub serka śmietankowego
- 3 łyżki syropu klonowego lub miodu
- 1 łyżeczka soku z cytryny
- ½ łyżeczki ekstraktu waniliowego
- 1 szklanka świeżych truskawek
- ½ szklanki świeżych wiśni

INSTRUKCJE:
a) Umyj truskawki i usuń zielone wierzchołki. Pokrój je w plasterki. Umyj wiśnie, przekrój je na połówki i usuń pestki. Wymieszaj truskawki i wiśnie w misce z 1 łyżką syropu klonowego i sokiem z cytryny.
b) W osobnej misce wymieszaj twaróg z 1 łyżką syropu klonowego i ekstraktem waniliowym. Aby uzyskać bardziej kremową konsystencję, w razie potrzeby dodaj do mieszanki 1-2 łyżki wody.
c) Rogaliki z preclami przekrój poziomo na pół. Na dolną połowę każdego rogalika nałóż 3 łyżki mieszanki twarogu waniliowego.
d) Posyp mieszaninę twarogu mieszanymi owocami, równomiernie rozprowadzając je na połówkach rogalików.
e) Przykryj owoce górną częścią rogalika, tworząc pysznego nadziewanego rogalika preclowego.
f) Jeśli chcesz, możesz skropić górną połowę rogalika odrobiną syropu klonowego lub miodu, aby uzyskać dodatkową słodycz.
g) Podawaj natychmiast i delektuj się tym wspaniałym rogalikiem z preclami nadziewanymi truskawkami i wiśniami jako pyszne śniadanie, które wniesie smaki lata do Twojej porannej rutyny.

20. Gorąca czekolada wiśniowa

SKŁADNIKI:
GORĄCA CZEKOLADA:
- 1 szklanka pełnego mleka
- 2 łyżki granulowanego cukru
- 1 ½ łyżki niesłodzonego kakao w proszku
- 1 łyżka soku z wiśni Amarena
- ½ łyżeczki czystego ekstraktu waniliowego
- 1/16 łyżeczki soli morskiej
- 1 ½ uncji posiekanej ciemnej czekolady 72%.

DODATKI:
- 4 łyżki gęstej śmietany ubitej na puszystą pianę
- 2 wiśnie Amarena
- 2 łyżeczki płatków z ciemnej czekolady

INSTRUKCJE:
a) Dodaj mleko, cukier, kakao w proszku, sok wiśniowy, wanilię i sól do małego rondla, postaw na średnim ogniu i wymieszaj, aby połączyć.
b) Gdy się zagotuje, dodaj posiekaną czekoladę.
c) Doprowadzić do wrzenia i gotować, aż lekko zgęstnieje, około 1 minuty, ciągle mieszając.
d) Przelej do 2 kubków i na każdym ułóż połówkę bitej śmietany, 1 wiśnię i 1 łyżeczkę płatków czekoladowych.
e) Natychmiast podawaj.

21. Wiśniowe tosty francuskie

SKŁADNIKI:
- 2 kromki chleba chałkowego, pokrojonego w grube plasterki
- 2 jajka
- 3 łyżki pół na pół lub mleka
- 6 łyżek cukru
- 3 łyżki kakao Hershey's, niesłodzonego
- 1 łyżeczka wanilii
- 1 łyżeczka cynamonu, zmielonego
- 1 szczypta soli
- 3 łyżki serka śmietankowego lub bitego serka śmietankowego

Polewę do tostów francuskich
- 1 butelka specjalnego syropu z ciemnej czekolady Hershey's
- 1 słoik konfitury wiśniowej lub konfitury wiśniowej
- 1 słoik griottines (wiśnie w kirschu)
- 1 puszka bitej śmietany
- ¼ szklanki półsłodkich kawałków czekolady

INSTRUKCJE:
a) Przygotuj dość dużą miskę, w której przygotujesz mieszankę do maczania tostów.
b) Dodaj jajka i ubij je. Następnie dodaj pół na pół, wanilię, cynamon, stewię i kakao Hershey's.
c) Wymieszaj to wszystko razem. Do połączenia czekolady potrzeba trochę czasu, ale nastąpi to po kilku minutach.
d) Rozgrzej piekarnik do 350 stopni lub użyj tostera.
e) Na patelni rozgrzej olej lub masło.
f) Teraz weź jedną kromkę chleba i zanurz ją w mieszance do nasycenia, przewróć ją i przełóż również na drugą stronę. Powtórz tę czynność dla drugiego plasterka.
g) Strząśnij nadmiar i umieść na patelni, aby ugotować. Gotuj, aż obie strony będą ładne i chrupiące.
h) Połóż jedną kromkę tostu na talerzu, obficie dodaj trochę serka śmietankowego i posyp kawałkami czekolady.
i) Na wierzch połóż drugą kromkę tostu. Teraz umieść 2 kromki tostów w naczyniu do pieczenia i włóż do piekarnika/lub tostera na około 5 minut, aż frytki się stopią. Wyjąć i talerz.

j) Dodaj trochę wiśni na wierzch tostu i kilka łyżek słodkiego płynu. Dodaj bitą śmietanę, dodaj 3 lub 4 Griottines i łyżkę stołową kirschu na wierzch, a następnie skrop francuskie tosty syropem czekoladowym Hershey's.
k) Dodaj jeszcze kilka kawałków czekolady... teraz możesz zjeść najbardziej dekadencki francuski tost, jaki kiedykolwiek jadłeś. Rozkoszuj się każdym kęsem!

22. Wiśniowe naleśniki migdałowe

SKŁADNIKI:
- 1 ½ szklanki mąki migdałowej
- 1 łyżeczka proszku do pieczenia
- 1 łyżeczka sody oczyszczonej
- ¼ łyżeczki soli
- 2 duże jajka, ubite
- 1 łyżka syropu klonowego
- 1 łyżeczka ekstraktu waniliowego
- ½ szklanki pełnotłustego mleka kokosowego z puszki
- ½ szklanki drobno pokrojonych czereśni
- ¼ szklanki posiekanych migdałów

INSTRUKCJE:
a) Do miski dodać mąkę, proszek do pieczenia, sodę oczyszczoną i sól i wymieszać do dokładnego połączenia.
b) W osobnej misce wymieszaj jajka, syrop klonowy, wanilię i mleko kokosowe.
c) Do suchych składników dodać mokre i wymieszać do dokładnego połączenia.
d) Teraz dodaj wiśnie i migdały i mieszaj, aż wszystko się dobrze wymiesza.
e) Pozwól ciastu odpocząć przez 5 do 10 minut. Dzięki temu wszystkie składniki dobrze się połączą i ciasto będzie miało lepszą konsystencję.
f) Spryskaj patelnię lub patelnię z powłoką nieprzywierającą obficie olejem roślinnym i podgrzej na średnim ogniu.
g) Gdy patelnia będzie gorąca, dodaj ciasto za pomocą miarki o pojemności ¼ szklanki i wlej ciasto na patelnię, aby zrobić naleśnik. Użyj miarki, aby uformować naleśnik.
h) Smaż, aż boki będą gotowe, a na środku pojawią się bąbelki (około 2 do 3 minut), a następnie obróć naleśnik.
i) Gdy naleśnik będzie już upieczony z tej strony, zdejmij go z ognia i połóż na talerzu.
j) Kontynuuj te kroki z resztą ciasta.

23. Wafle brandy wiśniowe

SKŁADNIKI:
- 2 filiżanki mąki uniwersalnej
- 2 łyżki granulowanego cukru
- 1 łyżka proszku do pieczenia
- ½ łyżeczki soli
- 2 duże jajka
- 1 ¾ szklanki mleka
- ¼ szklanki niesolonego masła, roztopionego
- 2 łyżki brandy
- ½ szklanki posiekanych wiśni (świeżych lub mrożonych)

INSTRUKCJE:
a) W misce wymieszaj mąkę, cukier, proszek do pieczenia i sól.
b) W osobnej misce ubij jajka. Dodać mleko, roztopione masło, brandy i posiekane wiśnie. Ubijaj, aż dobrze się połączą.
c) Wlać mokre składniki do suchych i wymieszać tylko do połączenia.
d) Rozgrzej gofrownicę i lekko ją natłuść.
e) Ciasto wylewamy na rozgrzaną gofrownicę i pieczemy według instrukcji producenta.
f) Podawaj gofry wiśniowe z brandy posypane cukrem pudrem i kleksem bitej śmietany.

24. Urodzinowy chlebek wiśniowo-orzechowy

SKŁADNIKI:
- 2 filiżanki mąki uniwersalnej
- 1 łyżeczka proszku do pieczenia
- ½ łyżeczki sody oczyszczonej
- ¼ łyżeczki soli
- ½ szklanki niesolonego masła, zmiękczonego
- 1 szklanka granulowanego cukru
- 2 duże jajka
- 1 łyżeczka ekstraktu waniliowego
- ½ szklanki maślanki
- 1 szklanka świeżych lub mrożonych wiśni, wypestkowanych i przekrojonych na połówki
- ½ szklanki posiekanych orzechów włoskich

OPCJONALNA SZKLIWA:
- 1 szklanka cukru pudru
- 1-2 łyżki mleka
- ½ łyżeczki ekstraktu waniliowego

INSTRUKCJE:
a) Rozgrzej piekarnik do 180°C (350°F) i natłuść formę do pieczenia o wymiarach 9 x 5 cali.
b) W średniej misce wymieszaj mąkę, proszek do pieczenia, sodę oczyszczoną i sól. Odłożyć na bok.
c) W dużej misce utrzyj miękkie masło i granulowany cukier na jasną i puszystą masę.
d) Dodawaj jajka, jedno po drugim, dobrze ubijając po każdym dodaniu. Wymieszaj ekstrakt waniliowy.
e) Stopniowo dodawaj suche składniki do masy maślanej, na zmianę z maślanką. Rozpocznij i zakończ suchymi składnikami, mieszając aż do połączenia.
f) Delikatnie dodaj wiśnie i posiekane orzechy włoskie, tak aby równomiernie rozłożyły się w cieście.
g) Ciasto wlać do przygotowanej formy i wygładzić wierzch szpatułką.
h) Piec w nagrzanym piekarniku przez około 50-60 minut lub do momentu, aż wykałaczka wbita w środek będzie sucha.

i) Wyjmij chleb z piekarnika i pozostaw do ostygnięcia w formie na około 10 minut. Następnie przełożyć na kratkę do całkowitego wystygnięcia.

OPCJONALNA SZKLIWA:

j) W małej misce wymieszaj cukier puder, mleko i ekstrakt waniliowy, aż masa będzie gładka i kremowa. Dostosuj konsystencję, w razie potrzeby dodając więcej mleka.

k) Gdy chleb wystygnie, posmaruj wierzch glazurą, pozwalając jej spłynąć po bokach.

25. Pączek z dżemem wiśniowym

SKŁADNIKI:
NA CIASTO PĄCZKOWE
- 250 g mocnej białej mąki chlebowej
- 50 g cukru pudru plus 100 g do posypania
- 5 g suszonych drożdży
- 2 jajka
- 60 g solonego masła, roztopionego
- 2 litry oleju słonecznikowego

DO WYPEŁNIENIA
- 200 g dżemu wiśniowego
- 100 ml śmietany śmietankowej, ubitej

DO LUKRU
- 100 g cukru pudru, przesianego
- 2 łyżki kakao w proszku, przesiane
- 50 g zwykłej czekolady
- świeże wiśnie (opcjonalnie)

INSTRUKCJE:

a) Do miksera wyposażonego w hak do wyrabiania ciasta lub łopatkę wsyp mąkę, cukier, drożdże, jajka i 125 ml ciepłej wody i mieszaj przez 5 minut, aż ciasto będzie bardzo miękkie. Jeśli nie masz miksera, możesz użyć dużej miski i ugniatać ręcznie (może to zająć do 10 minut).

b) Pozostaw ciasto na minutę lub dwie w mikserze lub misce, podczas gdy masło będzie się roztapiać, a następnie ponownie uruchom mikser i delikatnie, cienkim strumieniem, dodaj roztopione masło. Dobrze mieszaj przez kolejne 5 minut, aż ciasto będzie błyszczące, gładkie, elastyczne i będzie odchodzić od ścianek miski. Ponownie można to zrobić ręcznie, ugniatając masło w cieście.

c) Przykryj miskę folią spożywczą i odstaw w ciepłe miejsce na 30 minut, aż ciasto podwoi swoją objętość. Po wyrośnięciu wyjąć ciasto z miski, położyć je na lekko posypanej mąką powierzchni i ugniatać przez 2 minuty. Ciasto ponownie włóż do miski i przykryj folią spożywczą, a następnie włóż do lodówki na noc.

d) Następnego dnia wyjmij ciasto z lodówki i pokrój je na 10 równych części, każdą lekko zagniatając i formując krążki. Ułożyć na lekko posypanej mąką blasze do pieczenia w dużych odstępach, następnie ponownie przykryć lekko naoliwioną folią spożywczą i odstawić w ciepłe miejsce do wyrośnięcia na 1-2 godziny, aż objętość mniej więcej podwoi się.

e) Do dużego rondla wlej oliwę tak, aby była wypełniona do połowy, następnie podgrzej termometrem do 170°C lub gdy mały kawałek chleba w ciągu 30 sekund zmieni kolor na bladozłoty.

f) Do miski wsyp 100 g cukru pudru, gotowego do posypania, następnie ostrożnie wrzucaj pączki na gorący olej za pomocą łyżki cedzakowej w grupach po 2-3 sztuki i smaż przez 2 minuty z każdej strony na złoty kolor. Wyjmij łyżką cedzakową i włóż bezpośrednio do miski z cukrem, wymieszaj do pokrycia, a następnie ułóż na kratce do studzenia.

g) Podczas gdy pączki ostygną, do jednego rękawa cukierniczego włóż konfiturę wiśniową, do drugiego bitą śmietanę i wytnij 1 cm otwór na końcu każdego worka.

h) Weź schłodzonego pączka i wykonaj małe nacięcie ostrym nożem z jednej strony, aż do środka pączka. Teraz weź łyżeczkę i włóż ją do otworu, aż miseczka łyżki osiągnie środek, następnie przekręć łyżeczkę o 360 stopni i wyciągnij środek ciasta; wyrzucać.

i) Weź rękaw do wyciskania dżemu i wyciśnij na środek około 1 łyżkę dżemu, a następnie zrób to samo z kremem, upewniając się, że pączki są pulchne i pełne nadzienia. Umieść je z powrotem na stojaku chłodzącym.

j) Składniki lukieru włóż do małej miski, zalej 2-3 łyżkami wody i dobrze wymieszaj, aż lukier będzie gęsty i błyszczący i będzie pokrywał grzbiet łyżeczki. Każdy pączek posmaruj 1 łyżką lukru, tworząc zygzakowaty wzór.

k) Następnie za pomocą obieraczki do ziemniaków zetnij na talerz cienkie wiórki zwykłej czekolady z boku batonika. Za pomocą łyżeczki posypuj pączki wiórkami.

l) Podawać ze świeżymi wiśniami.

26. Biszkopt wiśniowy

SKŁADNIKI:
- 2 filiżanki mąki uniwersalnej
- 1 szklanka cukru
- ½ łyżeczki proszku do pieczenia
- ½ łyżeczki soli
- ¼ szklanki masła; pociąć na małe kawałki
- 1 szklanka całych migdałów; gruby siekacz
- 1 szklanka całych kandyzowanych wiśni
- 2 duże jajka; lekko pobity
- ½ łyżeczki wanilii
- 1 łyżka mleka (opcjonalnie)

INSTRUKCJE:
a) Nagrzej piekarnik do 350 stopni. Natłuścić dużą blachę do pieczenia.
b) W misce wymieszaj mąkę, cukier, proszek do pieczenia i sól. Posiekaj masło za pomocą blendera cukierniczego, aż utworzą się grube okruchy. Wymieszać z migdałami i wiśniami. Mieszaj jajka i wanilię, aż dobrze się połączą. Jeśli mieszanina jest sucha, dodaj mleko.
c) Podziel mieszaninę na pół.
d) Na lekko posypanej mąką powierzchni, posypanymi mąką rękami, zagnieć ciasto i uformuj dwa 10-calowe wałki. Spłaszcz do szerokości 2-½ cala. Połóż kłosy na przygotowanej blasze do pieczenia.
e) Piec w piekarniku nagrzanym na 350 stopni przez 30 do 35 minut. Za pomocą dwóch szpatułek przenieś polana na kratkę, aby ostygły na 20 minut.
f) Ząbkowanym nożem pokrój każdą kłodę ukośnie na plastry o grubości ¾ cala.
g) Wróć do blachy do pieczenia. Piec przez 15 minut lub do momentu, gdy ciasteczka będą chrupiące i twarde w dotyku. Przenieść na kratkę do ostygnięcia.
h) Przechowywać w szczelnym pojemniku do 2 tygodni.

27. Naleśniki Toblerone z brandyowymi wiśniami

SKŁADNIKI:

- 250 g serka śmietankowego Philadelphia do smarowania
- 100 g mlecznej czekolady Toblerone, roztopionej i ostudzonej
- 1 opakowanie mrożonych naleśników, rozmrożone
- Puszka pestek wiśni w syropie 425g
- 3 łyżeczki mąki kukurydzianej
- 2 łyżki brandy lub kirschu
- lody waniliowe według uznania

INSTRUKCJE:

a) Wymieszaj Philly i czekoladę, aż masa będzie gładka i puszysta. Połóż naleśniki na talerzu, przykryj folią

b) Podgrzewaj w kuchence mikrofalowej na poziomie High przez 30–60 sekund, aż naleśniki się rozgrzeją. Złóż każdy naleśnik na pół, posmaruj każdą połówkę kremem czekoladowym, a następnie złóż ponownie, aby naleśniki zostały poćwiartowane

c) Połącz trochę syropu wiśniowego z mąką kukurydzianą, aby uzyskać pastę, a następnie dodaj do wiśni wraz z brandy. Gotować w rondelku, aż syrop zgęstnieje. Pozwól na chłodzenie

d) Na każdym talerzu ułóż po 2 naleśniki i polej sosem wiśniowym. W razie potrzeby podawaj natychmiast z lodami.

28. Wiśniowe naleśniki

SKŁADNIKI:
- czekoladowe naleśniki
- Kirsch lub sherry (opcjonalnie)
- 19 uncji nadzienia Cherry Pie
- ¼ szklanki cukru granulowanego
- ⅛ łyżeczki gałki muszkatołowej
- Bita śmietana

INSTRUKCJE:
a) Posyp naleśniki kirschem lub sherry.
b) Wymieszaj razem nadzienie z wiśniami, cukier i gałkę muszkatołową.
c) Nałóż około 2 łyżek stołowych blisko jednej strony naleśnika. Rolka.
d) Pozwól na 2 na porcję. Ułożyć na talerzu krawędzią do dołu.
e) Posmaruj bitą śmietaną.

29. Kawa Wiśniowa

SKŁADNIKI:
- 6 uncji świeżo parzonej kawy
- 2 łyżki syropu czekoladowego
- 1 łyżka soku z wiśni Maraschino
- Bita śmietana
- Ogolona czekolada
- Wiśnie Maraskino

INSTRUKCJE:
- W filiżance wymieszaj kawę, syrop czekoladowy i sok wiśniowy. Dobrze wymieszaj.
- Na wierzch posyp bitą śmietaną wiórkami czekoladowymi i wiśniami lub 2.

30. Wiśniowa bułka czekoladowa s

SKŁADNIKI:
CIASTO:
- 1 ½ łyżki aktywnych suchych drożdży
- 1 ¾ szklanki pełnotłustego mleka kokosowego, ciepłego, ale nie gorącego
- ¾ łyżeczki soli
- 2 ½ łyżki oleju plus trochę do wysmarowania patelni
- ⅔ szklanki cukru
- 4 ¼ szklanki mąki plus więcej na powierzchnię roboczą

POŻYWNY:
- 2 łyżki oleju kokosowego
- 2 ½ szklanki świeżych wiśni wypestkowanych i przeciętych na pół
- ½ szklanki) cukru
- 1 łyżeczka ekstraktu waniliowego
- szczypta cynamonu opcjonalnie
- ¼ łyżeczki soli
- 1 szklanka bezmlecznych półsłodkich kawałków czekolady

LUKIER:
- 2 szklanki cukru pudru
- ⅓ szklanki kremu kokosowego
- ¼ szklanki kakao w proszku
- 1 łyżeczka ekstraktu waniliowego
- szczypta soli

INSTRUKCJE:
a) W misce miksera stacjonarnego (lub dużej misce) rozpuść drożdże w mleku i odstaw na około 5 minut, aż zaczną pienić się. Mieszaj cukier, olej i sól, aż się połączą.
b) Dodawaj mąkę po filiżance, aż ciasto się połączy i zacznie odchodzić od ścianek miski.
c) Przykryj miskę wilgotnym ręcznikiem lub folią spożywczą i umieść ją w ciepłym miejscu do wyrośnięcia, aż podwoi swoją objętość.
d) W międzyczasie przygotuj nadzienie. Połącz wiśnie, masło, sól i cukier w średnim rondlu na średnim ogniu.

e) Doprowadzić mieszaninę do miękkiego wrzenia, delikatnie mieszając i gotować przez 10-12 minut, aż sos zacznie gęstnieć na tyle, aby pokryć grzbiet łyżki.
f) Zdjąć z ognia, dodać wanilię i cynamon, następnie odstawić. Natłuść szklaną patelnię o wymiarach 13x9 cali i nałóż na nią kilka łyżek sosu z wiśni.
g) Ciasto podzielić na pół i rozwałkować jedną połowę na lekko posypanej mąką powierzchni na prostokąt o grubości około ¼ cala. Na wierzchu równomiernie rozsmaruj ½ nadzienia wiśniowego i posyp ½ szklanki kawałków czekolady.
h) Zaczynając od krótszego końca, zwiń go, aż uzyskasz coś w rodzaju kłody.
i) Następnie ostrym nożem pokrój na 6 (lub 7 spiral w przypadku okrągłej formy) i ułóż na przygotowanej patelni (spiralą do góry). Powtórz tę czynność z drugą połową ciasta, aż uzyskasz 12 bułek. Przykryj patelnie i pozwól im wyrosnąć, podczas gdy piekarnik się nagrzewa.
j) Rozgrzej piekarnik do 350 stopni F (175 C). Piec 30-40 minut, aż brzegi zaczną się rumienić. Wyjmij patelnię(-y) z piekarnika i pozostaw je do ostygnięcia na około 5 minut przed podaniem.
k) Na lukier wymieszaj składniki w średniej misce, aż masa będzie gęsta i gładka. Podawać na ciepłych bułeczkach.

PRZEKĄSKI

31. Trufle czekoladowe nadziewane wiśniami

SKŁADNIKI:
- 8 uncji posiekanej ciemnej czekolady
- ½ szklanki gęstej śmietanki
- 12 wiśni maraschino, odsączonych i osuszonych
- Proszek kakaowy do posypania

INSTRUKCJE:
a) Podgrzej gęstą śmietanę, aż będzie gorąca, ale nie wrząca.
b) Dodajemy posiekaną czekoladę i mieszamy na gładką masę.
c) Do każdej trufli włóż wiśnię maraschino.
d) Formuj kulki, obtaczaj w kakao i przechowuj w lodówce aż stwardnieją.

32. Batony Wiśniowe

SKŁADNIKI:

- 3 21-uncjowe puszki nadzienia wiśniowego, podzielone
- Opakowanie 18-½ uncji. mieszanka ciasta czekoladowego
- ¼ w. olej
- 3 jajka, ubite
- ¼ w. brandy o smaku wiśniowym lub sok wiśniowy
- Opakowanie 6 uncji. półsłodkie kawałki czekolady
- Opcjonalnie: bita polewa

INSTRUKCJE:

a) Przechowuj w lodówce 2 puszki nadzienia do ciasta, aż ostygną. Używając miksera elektrycznego ustawionego na małą prędkość, wymieszaj pozostałą puszkę nadzienia do ciasta, suchą mieszankę ciasta, olej, jajka i brandy lub sok wiśniowy, aż dobrze się wymieszają.

b) Wymieszaj kawałki czekolady.

c) Wlać ciasto do lekko natłuszczonej formy do pieczenia o wymiarach 13 x 9 cali. Piec w temperaturze 350 stopni przez 25 do 30 minut, aż wykałaczka będzie czysta; chłod. Przed podaniem równomiernie rozsmaruj na wierzchu schłodzone nadzienie do ciasta.

d) Pokrój w batony i podawaj z bitą polewą, jeśli chcesz. Porcja od 10 do 12.

33.Babeczki Wiśniowe Bliss

SKŁADNIKI:
BABECZKI:
- 3 ½ szklanki mąki uniwersalnej
- 1 ¼ szklanki drobnego cukru pudru
- 3 łyżeczki proszku do pieczenia
- ½ łyżeczki drobnej soli
- ½ szklanki niesolonego masła, zmiękczonego
- 2 duże jajka
- ¾ szklanki pełnego mleka
- ⅔ szklanki soku wiśniowego z wiśni z puszki
- ½ szklanki oleju roślinnego
- 2 łyżki jogurtu greckiego lub kwaśnej śmietany
- 1 łyżeczka ekstraktu waniliowego lub pasty z ziaren wanilii
- 250 g wiśni z puszki
- Sos czekoladowy
- Wiśnie Maraskino
- 2 krople różowego żelu spożywczego
- 1 kropla fioletowego żelu spożywczego
- ½ łyżeczki esencji z wiśniówki
- 4 łyżki proszku słodowego

LUKIER:
- 1 porcja lukru Fluffy Vanilla Buttercream
- 2 krople fioletowego barwnika spożywczego
- ½ łyżeczki esencji z wiśniówki

INSTRUKCJE:
BABECZKI:

a) Rozgrzej piekarnik do 160°C (320°F) lub 180°C (356°F) w przypadku piekarnika konwencjonalnego. Formę do babeczek wyłóż papilotkami.

b) W misie miksera wyposażonego w przystawkę do łopatek połącz suche składniki (mąkę, cukier puder, proszek do pieczenia i sól) i mieszaj na małych obrotach.

c) W osobnym dużym dzbanku wymieszaj sok wiśniowy, mleko, jajka, jogurt, olej i ekstrakt waniliowy, aż dobrze się połączą.

d) Stopniowo dodawaj mokre składniki do suchych, powolnym i stałym strumieniem, cały czas mieszając, aż suche składniki przestaną być widoczne. Zeskrob miskę.
e) Dodaj do ciasta esencję brandy wiśniową, różowy i fioletowy barwnik spożywczy oraz proszek słodowy i mieszaj przez kolejne 20 sekund.
f) Połóż 4 wiśnie na dnie każdej papilotki i nałóż ciasto do papilotek, wypełniając je do około ¾ wysokości.
g) Piec przez 20-25 minut lub do momentu, gdy wykałaczka wbita w środek będzie czysta. Przed lukrem poczekaj, aż babeczki całkowicie ostygną na drucianej kratce do studzenia.

LUKIER:
h) Przygotuj porcję lukru Fluffy Vanilla Buttercream.
i) Do lukieru dodaj barwniki spożywcze i esencję brandy wiśniowej i mieszaj, aż składniki dobrze się połączą.

MONTAŻ:
j) Załóż koniec rękawa cukierniczego z otwartą końcówką w kształcie gwiazdki i posmaruj każdą babeczkę w formie wiru.
k) Polej lukier sosem czekoladowym.
l) Zamroź kolejny wir na wierzchu za pomocą końcówki do wyciskania.
m) Na każdą babeczkę połóż wiśnię maraschino.

34. Ciasteczka Wiśniowe Wiatraczek

SKŁADNIKI:
- 2 filiżanki mąki uniwersalnej
- ¼ szklanki granulowanego cukru
- 1 łyżka proszku do pieczenia
- ½ łyżeczki soli
- ½ szklanki zimnego, niesolonego masła, pokrojonego w kostkę
- ½ szklanki mleka
- 2 szklanki świeżych wiśni, wypestkowanych i przekrojonych na połówki
- ¼ szklanki cukru kryształu (do wiśni)
- Do podania bita śmietana lub lody waniliowe

INSTRUKCJE:
a) Rozgrzej piekarnik do 220°C (425°F).
b) W dużej misce wymieszaj mąkę, cukier, proszek do pieczenia i sól.
c) Do mąki dodaj zimne masło i pokrój je nożem lub palcami, aż masa będzie przypominać grubą okruchę.
d) Wlać mleko i mieszać, aż ciasto się połączy.
e) Ciasto wyłożyć na blat posypany mąką i delikatnie zagnieść kilka razy. Rozwałkuj ciasto na kształt prostokąta o grubości około ¼ cala.
f) W misce wymieszaj wiśnie z ¼ szklanki cukru, aż je pokryją.
g) Na cieście równomiernie rozłóż wiśnie. Ciasto zawiń ciasno, zaczynając od jednego z dłuższych brzegów, tak aby uzyskać kształt wiatraczka.
h) Zrolowane ciasto pokroić na pojedyncze ciasteczka i ułożyć je na blasze wyłożonej papierem do pieczenia.
i) Piecz przez 12-15 minut lub do momentu, aż uzyskasz złoty kolor, a wiśnie zaczną musować.
j) Przed podaniem poczekaj, aż ciasteczka lekko ostygną. Podawać z bitą śmietaną lub lodami waniliowymi.

35. Komosa wiśniowa bar

SKŁADNIKI:
- Nieprzywierający spray do gotowania
- 2 łyżki płatków owsianych błyskawicznych
- 2 łyżki ugotowanej komosy ryżowej
- 2 łyżki drobno posiekanych pistacji
- 2 łyżki słodzonych suszonych wiśni
- 2 łyżki oleju roślinnego
- 2 łyżki miodu
- ¼ łyżeczki soli koszernej

INSTRUKCJE:
a) Spryskaj wnętrze 12-uncjowego kubka sprayem kuchennym.
b) Wszystkie składniki wymieszaj w misce, a następnie przelej do kubka.
c) Przykryj i mikrofaluj, aż płatki owsiane się ugotują, około 3 minut.
d) Gorącą masę wylewamy na kawałek pergaminu, formując z niego prostokątny lub wąski, tradycyjny batonik.
e) Schładzaj, aż będzie zimne i stałe, 30 minut lub dłużej.

36. Klastry wiśni z ciemnej czekolady

SKŁADNIKI:
- 1 szklanka kremowego masła orzechowego (np. masła migdałowego, masła z nerkowców)
- ¼ szklanki miodu lub syropu klonowego
- ¼ szklanki roztopionego oleju kokosowego
- 2 szklanki płatków owsianych
- ½ szklanki suszonych wiśni
- ½ szklanki kawałków ciemnej czekolady

INSTRUKCJE:
a) W misce wymieszaj masło orzechowe, miód (lub syrop klonowy) i roztopiony olej kokosowy, aż dobrze się wymieszają.
b) Wymieszaj płatki owsiane, suszone wiśnie i kawałki ciemnej czekolady.
c) Nakładać łyżkami mieszanki na wyłożoną papierem blachę do pieczenia lub do foremek na mini muffinki.
d) Przechowywać w lodówce przez co najmniej 1 godzinę, aby stwardniać.

37. Wiśniowe kulki rumowe

SKŁADNIKI:
- 2 szklanki pokruszonych waniliowych ciasteczek waflowych
- 1 szklanka cukru pudru
- 1 szklanka posiekanych orzechów włoskich
- 1 szklanka suszonych wiśni, posiekanych
- 2 łyżki kakao w proszku
- ¼ szklanki rumu
- 2 łyżki jasnego syropu kukurydzianego
- Dodatkowy cukier puder do obtoczenia

INSTRUKCJE:
a) W dużej misce wymieszaj pokruszone ciasteczka waniliowe, cukier puder, posiekane orzechy włoskie, suszone wiśnie i kakao.
b) Do mieszanki dodać rum i jasny syrop kukurydziany i dobrze wymieszać, aż wszystko się dokładnie połączy.
c) Weź małe porcje mieszanki i za pomocą rąk zwiń je w 1-calowe kulki.
d) Obtocz kulki w cukrze pudrze, tak aby równomiernie je pokryły.
e) Ułóż kulki rumowe na blasze wyłożonej papierem do pieczenia.
f) Przechowuj kulki rumowe w lodówce przez co najmniej 2 godziny lub do momentu, aż staną się twarde.
g) Po schłodzeniu i stężeniu przenieś kulki rumu do hermetycznego pojemnika w celu przechowywania. Można je przechowywać w lodówce do 2 tygodni.

38. Wiśnie w ciemnej czekoladzie

SKŁADNIKI:
- 40 uncji wiśni maraschino z łodygami, odsączonych
- 1 ¾ szklanki rumu z przyprawami, mniej więcej tak, aby przykryć wiśnie
- 1 ½ szklanki ciemnej czekolady
- Opcjonalnie 1 łyżeczka tłuszczu piekarskiego, może nie być potrzebna
- ½ szklanki cukru pudru

INSTRUKCJE:
a) Wiśnie odcedzić, sok zachowując na inny cel. Nie będzie używany w tym przepisie, ale świetnie nadaje się do koktajli i nie tylko.
b) Umieść wiśnie w litrowym słoiku lub innym pojemniku. Całość zalej przyprawionym rumem. Zamknąć i przechowywać w lodówce przez co najmniej 24 godziny, maksymalnie 72 godziny. Im dłużej wiśnie pozostają w rumie, tym silniejszy będą smak.
c) Następnie odcedź wiśnie namoczone w rumie. Zachowaj ten rum z dodatkiem wiśni. Jest TAK dobry do koktajli. Połóż wiśnie na warstwach ręczników papierowych na 10 minut. Ten krok gwarantuje, że czekoladowa powłoka będzie przylegać do owoców.
d) Wyłóż blachę lub talerz pergaminem. Do płytkiego naczynia lub miski wsyp cukier dekoracyjny.
e) Rozpuść gorzką czekoladę zgodnie z instrukcją na opakowaniu. Użyj małej miski, która jest wystarczająco głęboka, aby zanurzyć w niej wiśnie.
f) Jeśli czekolada jest zbyt gęsta, dodaj około łyżeczki tłuszczu, aż się rozpuści i czekolada będzie gładka.
g) Gdy czekolada jest ciepła, zanurzaj po kolei wiśnie. Najpierw zanurzyć się w czekoladzie, a następnie w cukrze.
h) Na przygotowanym pergaminie ułóż maczane wiśnie. Po zanurzeniu wszystkich wiśni włóż do lodówki, aż zastygną.

39. Wiśniowe obroty

SKŁADNIKI:
- Opakowanie 17¼ uncji mrożonego ciasta francuskiego, rozmrożonego
- 21-uncjowa puszka nadzienia do ciasta wiśniowego, odsączona
- 1 szklanka cukru pudru
- 2 łyżki wody

INSTRUKCJE:
a) Oddziel arkusze ciasta francuskiego i pokrój każdy na 4 kwadraty.
b) Nadzienie ciasta podzielić równomiernie na kwadraty.
c) Brzegi ciasta posmaruj wodą i złóż na pół po przekątnej.
d) Sklejamy i zaciskamy brzegi widelcem. Za pomocą noża wykonaj małe nacięcie w górnej części obrotów, aby zapewnić wentylację.
e) Piec na nienatłuszczonej blasze do pieczenia w temperaturze 400 stopni przez 15 do 18 minut, aż będzie napęczniały i złocisty. Niech lekko ostygnie.
f) Zmieszaj cukier puder i wodę; polewać ciepłe placki.

40. Placuszki z rumem i wiśniami

SKŁADNIKI:
- ½ szklanki mąki uniwersalnej
- 2 łyżki cukru pudru
- ¼ łyżeczki soli
- 1 funt wiśni z łodygami
- Cukier cukierników
- 2 jajka; rozdzielony
- 2 łyżki rumu
- ½ szklanki klarowanego masła
- ½ szklanki oleju roślinnego

INSTRUKCJE:
a) W średniej misce wymieszaj mąkę, żółtka, 2 łyżki cukru pudru, rum i sól, aby uzyskać gładkie ciasto.
b) Przykryj i odstaw na 1 do 2 godzin.
c) Białka ubijamy na sztywną pianę i dodajemy do ciasta.
d) Podgrzej masło i olej roślinny na dużej patelni do 360 stopni F., następnie zmniejsz ogień do niskiego.
e) Zanurzaj wiśnie w cieście i kładź je na gorącym oleju
f) Smaż przez 3 minuty lub do momentu, aż nabiorą złocistego koloru
g) Usuń wiśnie.
h) Zanurzaj je w cukrze cukierniczym i podawaj.

41. Wiśniowy popcorn

SKŁADNIKI:
- 2½ ćwiartki popcornu prażonego w sprayu o smaku masła
- 1 opakowanie żelatyny o smaku wiśniowym

INSTRUKCJE:
a) Włóż popcorn do bardzo dużej miski i lekko spryskaj olejem o smaku maślanym.
b) Posypać żelatyną. Włóż do piekarnika nagrzanego na 350 stopni na pięć minut.
c) Żelatyna lekko się rozpuści i przyklei do popcornu.

42. Mieszanka wiśniowego szlaku

SKŁADNIKI:
- 1 szklanka kawałków ciemnej czekolady
- 1 szklanka suszonej żurawiny
- 1 szklanka suszonych wiśni
- 1 szklanka prażonych solonych orzeszków ziemnych
- 1 szklanka całych solonych migdałów
- 1 szklanka solonych, prażonych orzechów nerkowca w całości, nie w kawałkach
- 1 szklanka orzechów laskowych, zwanych także leszczynami

INSTRUKCJE:
a) W dużej misce połącz wszystkie składniki i mieszaj, aż składniki się równomiernie wymieszają.
b) Przechowuj mieszankę szlakową w szczelnym pojemniku przez okres do jednego miesiąca.

43. Ptysie z kremem wiśniowym

SKŁADNIKI:
- ½ szklanki mleka
- ½ szklanki wody
- ½ szklanki masła
- 1 Mąkę o wszechstronnym przeznaczeniu
- 5 jaj
- 5 szklanek mrożonych, niesłodzonych, pestkowych, cierpkich czerwonych wiśni, rozmrożonych
- Woda
- 1 szklanka cukru
- ¼ szklanki skrobi kukurydzianej
- ¼ szklanki kirschu (likieru z czarnej wiśni) lub soku pomarańczowego
- 3 krople czerwonego barwnika spożywczego
- 1 łyżka wanilii
- 2 uncje półsłodkiej czekolady, roztopionej i schłodzonej
- 1 szklanka bitej śmietany, ubitej

INSTRUKCJE:

a) Aby przygotować ptysie z kremem, w średnim rondlu połącz mleko, wodę i masło. Doprowadzić do wrzenia. Dodajemy na raz mąkę uniwersalną, energicznie mieszając. Gotuj i mieszaj, aż mieszanina utworzy kulę, która się nie rozdzieli. Zdejmij rondelek z ognia. Ochłodzić mieszaninę kremu ptysiowego przez 5 minut. Dodawaj jajka, jedno po drugim, ubijając drewnianą łyżką po każdym dodaniu, aż masa będzie gładka.

b) Nakładaj ciasto, nakładając łyżki na natłuszczoną blachę do pieczenia, w sumie wychodzi 12 ptysiów z kremem.

c) Piec w piekarniku nagrzanym na 400 stopni F przez około 30 minut lub do złotego koloru. Fajne chrupki na drucianej kratce. Rozetnij ptysie i usuń miękkie ciasto ze środka.

d) W międzyczasie, aby przygotować nadzienie wiśniowe, umieść rozmrożone wiśnie na sicie umieszczonym nad miarką o pojemności 2 szklanek; Odcedzić wiśnie, zachowując sok wiśniowy. Dodaj wystarczającą ilość wody do zarezerwowanego soku wiśniowego, aby uzyskać 2 szklanki płynu; odłóż wiśnie na bok.

e) W dużym rondlu wymieszaj cukier i skrobię kukurydzianą. Wymieszaj mieszaninę soku wiśniowego, kirsch i czerwony barwnik spożywczy. Gotuj i mieszaj na średnim ogniu, aż zgęstnieje i zacznie bulgotać. Gotuj i mieszaj jeszcze przez 2 minuty. Zdjąć z ognia; wymieszać z wanilią i wiśniami. Przykryj i wstaw do lodówki na około 2 godziny lub do całkowitego wystudzenia.
f) Aby złożyć, włóż łyżką nadzienie wiśniowe do pączków. Skropić ptysie roztopioną czekoladą. Podawać z bitą śmietaną.

44. Wiśniowe ciasteczka

SKŁADNIKI:

- ½ szklanki niesolonego masła
- 3 uncje półsłodkiej czekolady, posiekanej
- 1 szklanka granulowanego cukru
- ¼ szklanki kakao w proszku
- 2 jajka
- 1 łyżeczka ekstraktu waniliowego
- ½ szklanki mąki uniwersalnej
- ½ łyżeczki soli
- ¾ szklanki nadzienia wiśniowego
- ⅓ szklanki śmietanki ubijanej 35%.
- 2 łyżki cukru pudru

INSTRUKCJE:

a) Rozgrzej piekarnik do 180°C (350°F).
b) Nasmaruj tłuszczem formę na 24 mini muffinki i posyp kakao w proszku; odłożyć na bok.
c) Rozpuść masło i czekoladę w żaroodpornej misce ustawionej nad ledwo gotującą się wodą, od czasu do czasu mieszając. Zdjąć z ognia. Wymieszaj cukier i kakao w proszku. Lekko ostudzić.
d) Wmieszaj jajka do masy czekoladowej, jedno po drugim, aż składniki dobrze się połączą. Wymieszać z wanilią. W osobnej misce wymieszaj mąkę i sól, aż się połączą. Wmieszać do masy czekoladowej.
e) Rozłóż równomiernie na przygotowanej patelni. Piec przez 18 do 20 minut lub do momentu, gdy po włożeniu do środka brownie do wykałaczki przylgnie tylko kilka wilgotnych okruszków.
f) Całkowicie ostudzić na patelni. Zdjąć z patelni. Kiedy będziesz gotowy do podania, ubij śmietanę i cukier puder za pomocą elektrycznych ubijaków, aż masa będzie sztywna. Każdy z nich równomiernie posmaruj bitą śmietaną i pozostałym nadzieniem z wiśni. Natychmiast podawaj.

45. Chrupiące przysmaki z ryżu i wina wiśniowego

SKŁADNIKI:
- 3 łyżki masła
- 4 szklanki mini pianek marshmallow
- ½ szklanki wina wiśniowego z Pensylwanii
- 5 szklanek dmuchanych płatków ryżowych
- ½ szklanki posiekanych suszonych wiśni
- ¼ szklanki półsłodkich kawałków czekolady

INSTRUKCJE:
a) Blachę do pieczenia wyłóż papierem pergaminowym. Spryskaj olejem kuchennym.
b) W średnim rondlu na średnim ogniu rozpuść masło. Dodaj pianki marshmallow i mieszaj, aż się rozpuszczą.
c) Zdjąć z ognia, dodać wino i płatki zbożowe. Mieszaj, aż składniki się połączą i rozprowadzisz piankę marshmallow.
d) Dodaj suszone wiśnie i kawałki czekolady i mieszaj, aż do całkowitego połączenia. Przelać do przygotowanej blachy, przykryć pergaminem i ostudzić. Pokrój i podawaj.

46. Wiśniowe Kulki Energetyczne

SKŁADNIKI:
- 200 g daktyli bez pestek
- 1 szklanka zmielonych migdałów
- ¾ szklanki suszonego kokosa
- ½ szklanki płatków owsianych
- 2 łyżki kakao w proszku
- 2 łyżki oleju kokosowego
- 1 łyżka syropu klonowego
- 20 g całych liofilizowanych wiśni, pokruszonych

INSTRUKCJE:
a) Zagotuj pełny czajnik
b) Daktyle włóż do średnio żaroodpornej miski i zalej wrzącą wodą. Pozostawić na około 10 minut, aż zacznie mięknąć. Dobrze odcedź.
c) W blenderze połącz zmielone migdały, wiórki kokosowe, płatki owsiane i kakao z namoczonymi daktylami, olejem kokosowym i syropem klonowym. Mieszaj przez 2-3 minuty, aż masa będzie gładka.
d) Z mieszanki uformuj kulki wielkości łyżki stołowej czystymi, wilgotnymi rękami i umieść je na talerzu/tacy. Wstawić do lodówki na około 30 minut, żeby stwardniało.
e) Używając czystych, suchych rąk, pokrusz liofilizowane wiśnie na talerz. Lekko obtocz kulki energetyczne w kruszonce wiśniowej.

47. Wiśniowe ciasteczka

SKŁADNIKI:
- 2 ¼ szklanki mąki uniwersalnej
- ½ szklanki holenderskiego kakao w proszku
- ½ łyżeczki proszku do pieczenia
- ½ łyżeczki sody oczyszczonej
- 1 łyżeczka soli
- 1 szklanka niesolonego masła roztopionego i ostudzonego
- ¾ szklanki brązowego cukru pakowanego jasnego lub ciemnego
- ¾ szklanki białego granulowanego cukru
- 1 łyżeczka czystego ekstraktu waniliowego
- 2 Duże jajka w temperaturze pokojowej
- 1 szklanka kawałków białej czekolady
- ½ szklanki półsłodkich kawałków czekolady
- 1 szklanka świeżych wiśni Umyte, wypestkowane i pokrojone na ćwiartki

INSTRUKCJE:
a) Rozpuść masło w kuchence mikrofalowej i pozostaw do ostygnięcia na 10-15 minut, aż osiągnie temperaturę pokojową. Przygotuj wiśnie i pokrój je na małe ćwiartki.
b) 1 szklanka niesolonego masła, 1 szklanka świeżych wiśni
c) Rozgrzej piekarnik do 350°F. Dwie blachy z ciasteczkami wyłóż papierem pergaminowym. Odłożyć na bok.
d) W średniej misce wymieszaj mąkę, kakao w proszku, proszek do pieczenia, sodę oczyszczoną i sól. Odłożyć na bok.
e) 2 ¼ szklanki mąki uniwersalnej, ½ szklanki niesłodzonego kakao w proszku, ½ łyżeczki proszku do pieczenia, ½ łyżeczki sody oczyszczonej, 1 łyżeczka soli
f) W dużej misce dodaj roztopione masło, brązowy cukier, cukier, wanilię i jajka. Mieszaj gumową szpatułką, aż masa będzie gładka.
g) 1 szklanka niesolonego masła, ¾ szklanki brązowego cukru, ¾ szklanki białego granulowanego cukru, 1 łyżeczka czystego ekstraktu waniliowego, 2 duże jajka
h) Dodajemy suche składniki i mieszamy aż się połączą. Będzie to miękkie ciasto. Dodaj kawałki białej czekolady, kawałki czekolady i świeże wiśnie.

i) 1 szklanka kawałków białej czekolady, ½ szklanki półsłodkich kawałków czekolady, 1 szklanka świeżych wiśni
j) Do nabierania ciasta użyj dużej miarki do ciastek (3-uncjowa miarka do ciastek). Umieść 6 kulek ciasta na arkusz ciasteczek.
k) Piec po jednym arkuszu ciasteczek na raz. Piec 13-15 minut. Gdy jest ciepły, posyp dodatkowymi kawałkami czekolady i kawałkami białej czekolady.
l) Pozostaw ciasteczko na 10 minut na rozgrzanej patelni. Następnie przenieś na kratkę do studzenia.

48. Chrupiące przysmaki z ryżu i wina wiśniowego

SKŁADNIKI:
- 3 łyżki masła
- 4 szklanki mini pianek marshmallow
- ½ szklanki wina wiśniowego z Pensylwanii
- 5 szklanek dmuchanych płatków ryżowych
- ½ szklanki posiekanych suszonych wiśni
- ¼ szklanki półsłodkich kawałków czekolady

INSTRUKCJE:
a) Blachę do pieczenia wyłóż papierem pergaminowym. Spryskaj olejem kuchennym.
b) W średnim rondlu na średnim ogniu rozpuść masło. Dodaj pianki marshmallow i mieszaj, aż się rozpuszczą.
c) Zdjąć z ognia, dodać wino i płatki zbożowe. Mieszaj, aż składniki się połączą i rozprowadzisz piankę marshmallow.
d) Dodaj suszone wiśnie i kawałki czekolady i mieszaj, aż do całkowitego połączenia. Przelać do przygotowanej blachy, przykryć pergaminem i ostudzić. Pokrój i podawaj.

DESER

49. Sernik wiśniowy z czerwoną lustrzaną polewą

SKŁADNIKI:

NA SERNIK:
- 150 g wiśni bez pestek i jedna dodatkowa cała wiśnia do dekoracji
- Sok z ½ cytryny
- 150 g cukru pudru
- 300 g białej czekolady, połamanej na kawałki
- 600 g serka śmietankowego Philadelphia w temperaturze pokojowej
- 300 ml śmietany śmietankowej o temperaturze pokojowej
- 1 łyżeczka ekstraktu waniliowego

NA PODSTAWĘ:
- 75 g niesolonego masła, roztopionego, plus dodatkowa ilość do natłuszczenia
- 175 g ciastek Digestive

DO SZKLIWIENIA:
- 4 listki żelatyny klasy platynowej (Dr. Oetker)
- 225 g cukru pudru
- 175 ml śmietanki podwójnej
- 100 g białej czekolady, drobno posiekanej
- 1 łyżeczka czerwonego barwnika spożywczego w żelu

INSTRUKCJE:

PRZYGOTOWANIE SERNIKA:

a) Lekko natłuść spód i boki tortownicy o średnicy 20 cm. Odepnij spód i połóż na nim okrąg z papieru do pieczenia o szerokości 30 cm.

b) Ponownie przymocuj wyłożony spód do formy, upewniając się, że nadmiar papieru zwisa pod spodem, aby ułatwić podanie. Boki wyłożyć paskiem papieru do pieczenia.

c) W robocie kuchennym wymieszaj wiśnie, sok z cytryny i 75 g cukru pudru.

d) Mieszaj, aż będzie dość gładka. Przenieść mieszaninę do średniego rondla, doprowadzić do wrzenia, następnie zmniejszyć ogień i gotować na wolnym ogniu przez 4-5 minut, aż zgęstnieje i stanie się syropowate. Pozwól mu całkowicie ostygnąć.

TWORZENIE PODSTAWY:
e) W czystej misce robota kuchennego pokruszyć herbatniki trawienne, aż będą przypominały drobną bułkę tartą. Przełożyć do miski i wymieszać z roztopionym masłem.
f) Wciśnij mieszaninę do przygotowanej formy, aby utworzyć twardą, równą podstawę. Schłodzić przez co najmniej 20 minut.

PRZYGOTOWANIE NADZIENIA SERNIKOWEGO:
g) Rozpuść białą czekoladę w żaroodpornej misce ustawionej nad gotującą się wodą. Odstawić do ostygnięcia do temperatury pokojowej, zachowując jednocześnie płynność.
h) W dużej misce ubijaj serek śmietankowy na gładką masę. Dodać śmietankę, pozostały cukier puder i ekstrakt waniliowy. Ubijaj, aż lekko zgęstnieje. Dodać ostudzoną białą czekoladę.
i) Na schłodzony spód wylać połowę masy serowej. Połóż na nim dżem wiśniowy i za pomocą szpikulca wmieszaj go w nadzienie. Wlać pozostałą mieszaninę serka śmietankowego na dżem, upewniając się, że wierzch jest gładki. Stuknij puszkę, aby usunąć pęcherzyki powietrza i wstaw do lodówki na co najmniej 4 godziny, aż masa stwardnieje.

WYKONANIE SZKLIWII LUSTRZANEJ:
j) Listki żelatyny namoczyć na kilka minut w misce z zimną wodą.
k) W rondelku wymieszaj cukier i 120 ml świeżo przegotowanej wody. Podgrzewaj na małym ogniu, mieszając, aż cukier się rozpuści. Doprowadzić do wrzenia i gotować przez 2 minuty. Dolać śmietanę i dusić jeszcze przez 2 minuty. Zdejmij z ognia, odciśnij nadmiar wody z namoczonych listków żelatyny i dodaj je do śmietanki, mieszając aż do rozpuszczenia.
l) Pozostaw mieszaninę kremową do ostygnięcia na 4-5 minut. Wmieszaj białą czekoladę. Dodaj czerwony barwnik spożywczy w żelu i mieszaj, aż dobrze się połączy.
m) Glazurę przecedzić przez sito do dużej miski. Pozostawić do ostygnięcia na 15-20 minut, aż osiągnie temperaturę pokojową, od czasu do czasu mieszając, aby zapobiec tworzeniu się kożucha. Glazura powinna mieć konsystencję przypominającą podwójną śmietanę.

LAKIEROWANIE SERNIKA:

n) Ostrożnie wyjmij sernik z formy, zdejmij papier do pieczenia i połóż go na drucianej kratce z blachą pod spodem. Przejedź gorącym nożem paletowym po powierzchni, aby ją wygładzić, a następnie wylej na nią dwie trzecie schłodzonej glazury, aby całkowicie ją przykryła. Przechowywać w lodówce przez 10 minut, aby ustawić.

o) W razie potrzeby podgrzej pozostałą glazurę i przesiej ją ponownie przed nałożeniem drugiej warstwy na sernik. Udekoruj wiśniami i wstaw do lodówki na 5-10 minut, aż zastygną. Podawać bezpośrednio z rusztu lub przenosić na talerz za pomocą noża do palet lub podnośnika do ciasta. Cieszyć się!

50. Ciasto kruche z wiśniami i orzechami laskowymi

SKŁADNIKI:

- ½ paczki (10 uncji) mieszanki na ciasto
- ¼ szklanki sypkiego jasnobrązowego cukru
- ¾ szklanki prażonych orzechów laskowych, posiekanych
- 1 uncja startej półsłodkiej czekolady
- 4 łyżeczki wody
- 1 łyżeczka wanilii
- 8 uncji czerwonych wiśni maraschino
- 2 łyżeczki skrobi kukurydzianej
- ¼ szklanki wody
- 1 szczypta soli
- 1 łyżka Kirschu (opcjonalnie)
- 1 litr lodów waniliowych

INSTRUKCJE:

a) Połącz (½ opakowania) ciasto na spód ciasta z cukrem, orzechami i czekoladą za pomocą blendera cukierniczego. Wymieszaj wodę z wanilią.

b) Posypać kruszonką i wymieszać, aż składniki dobrze się połączą. Zamień w dobrze natłuszczoną 9-calową blachę do ciasta; Mocno dociśnij masę do dna i boków.

c) Piec w piekarniku 375 stopni przez 15 minut. Ostudzić na stojaku.

d) Przykryj i odstaw na kilka godzin lub na noc. Wiśnie odcedzić, syrop zachować. Posiekaj wiśnie grubo.

e) W rondlu wymieszaj syrop ze skrobią kukurydzianą, ¼ szklanki wody i solą; dodać wiśnie. Gotuj na małym ogniu, aż będzie klarowny. Zdjąć z ognia i dokładnie ostudzić.

f) Dodaj Kirscha i ostudź. Do muszli ciasta włóż łyżkę lodów. Ciasto polej polewą wiśniową i natychmiast podawaj.

51. wiśni, rabarbaru i melona

SKŁADNIKI:

- 400 gramów rabarbaru pokrojonego na kawałki
- 150 ml granulowanego cukru
- 150 ml białego wina
- 500 gramów różnego rodzaju melona, uformowanego w kulki
- 200 g świeżych wiśni, przekrojonych na połówki i usuniętych pestek
- 120 g malin
- Świeże liście mięty
- Laski cytryny (do podania)

INSTRUKCJE:

a) W rondlu wymieszaj kawałki rabarbaru z cukrem granulowanym i białym winem. Podgrzewaj mieszaninę na małym ogniu, pozwalając rabarbarowi delikatnie zmięknąć i roztopić się.
b) Zdejmij rondelek z ognia i poczekaj, aż rabarbarowa mieszanina ostygnie. Schłodź go w lodówce.
c) Podczas gdy mieszanka rabarbarowa ochładza się, przygotuj melona, uformuj go w kulki lub pokrój na kawałki wielkości kęsa.
d) Gdy mieszanka rabarbarowa ostygnie, do rondla dodać przygotowany melon, maliny, wiśnie i drobno posiekane liście mięty.
e) Delikatnie wszystko wymieszaj.
f) Sałatkę włóż do lodówki i odstaw na kilka godzin, aby smaki się przegryzły.
g) Gdy sałatka będzie gotowa do podania, podziel ją do małych miseczek i udekoruj każdą porcję świeżymi liśćmi mięty.
h) Sałatkę z rabarbarem i melonem podawaj z laskami cytryny dla orzeźwienia.
i) Rozkoszuj się tą pyszną i orzeźwiającą sałatką z rabarbaru i melona!

52. Lody Wiśniowo - Jagodowe Amaretto

SKŁADNIKI:
- 2 łyżki cukru
- 2 łyżki amaretto
- 2 ½ szklanki świeżych wiśni Bing, bez pestek
- ½ szklanki świeżych jagód
- 2 łyżki skrobi kukurydzianej
- 2 szklanki pół na pół, podzielone
- ⅔ szklanki cukru
- 1 łyżka amaretto
- ¼ łyżeczka soli

INSTRUKCJE:

a) Połącz cukier, Amaretto, wiśnie i jagody w średniej misce. Odstawić na 30-45 minut, od czasu do czasu mieszając. Dodaj owoce wraz z sokami do średniego rondla i gotuj na średnim ogniu, często mieszając, aż zmiękną, około 15 minut. Pozwól owocom lekko ostygnąć, następnie dodaj do robota kuchennego i zmiksuj na puree, aż będą prawie gładkie, pozostawiając odrobinę tekstury. Odłóż ⅓ szklanki mieszanki owocowej i wymieszaj ją z lodami; z powrotem pozostałą mieszaninę owoców do rondla.

b) W małej misce wymieszaj skrobię kukurydzianą i 3 łyżki stołowe pół na pół; odłożyć na bok. Do rondla z mieszanką owocową dodaj pozostałe pół na pół, cukier, Amaretto i sól; doprowadzić do wrzenia na średnim ogniu, ciągle mieszając. Wymieszaj mieszaninę skrobi kukurydzianej. Wróć do wrzenia i gotuj przez kolejne 1 do 2 minut, mieszając, aż zgęstnieje. Zdjąć z ognia i ostudzić do temperatury pokojowej, następnie przykryć i schłodzić przez 6 godzin w lodówce.

c) Wlać schłodzoną mieszaninę lodów do zamrożonego cylindra maszyny do lodów; zamrozić zgodnie ze wskazówkami producenta. Połowę mieszanki lodowej przełóż do pojemnika przeznaczonego do zamrażania, na wierzch połóż kawałki mieszanki owocowej i powtórz czynność. Mieszaj warstwy drewnianym szpikulcem. Zamrozić mieszaninę przez noc, aż będzie twarda.

53. Okruchy mleka wiśniowego

SKŁADNIKI:
- 1 porcja Okruchów Mlecznych
- ½ szklanki liofilizowanego proszku wiśniowego
- ¼ szklanki liofilizowanego proszku jagodowego
- 0½ g soli koszernej [⅛ łyżeczki]

INSTRUKCJE:
a) W średniej misce wymieszaj okruszki mleka z proszkami jagodowymi i solą, aż wszystkie okruchy będą równomiernie nakrapiane na czerwono i niebiesko i pokryte proszkiem jagodowym.

b) Okruchy można przechowywać w szczelnym pojemniku w lodówce lub zamrażarce do 1 miesiąca.

54. Parfait wiśniowy

SKŁADNIKI:

- 3 uncje serka śmietankowego Neufchatel
- 2 szklanki zimnego, odtłuszczonego mleka
- Opakowanie 3 uncji bezcukrowego budyniu czekoladowego instant Jell-O
- 1 łyżka skrobi kukurydzianej
- ⅓ szklanki soku wiśniowego
- 1 puszka czerwonych wiśni bez pestek
- 1 funt wody
- 6 opakowań Równy słodzik

INSTRUKCJE:

a) Zmiksuj serek śmietankowy z ¼ szklanki mleka na niskiej prędkości miksera elektrycznego, aż będzie gładki. Dodaj pozostałe mleko i mieszankę budyniową. Mieszaj przez 1 lub 2 minuty lub do uzyskania gładkości.

b) Wymieszaj skrobię kukurydzianą z sokiem wiśniowym, aż się rozpuści. Dodaj do wiśni i gotuj, aż zagotuje się przez 1 minutę.

c) Zdjąć z ognia i wymieszać z Equal.

d) Na przemian układaj budyń i wiśnie w potrawach z parfaitu, kończąc na budyniu. Udekoruj 2 wiśniami.

55. Krem wiśniowy Dacquoise

SKŁADNIKI:
DLA DACQUOISE:
- 180 g (1 ½ szklanki) cukru pudru
- 160 g (1⅔ szklanki) mąki migdałowej
- 6 dużych białek jaj
- Szczypta soli
- ½ łyżeczki kremu z kamienia nazębnego
- 60 g (¼ szklanki) cukru pudru

DO WYPEŁNIENIA:
- 200 g (6 uncji) świeżych lub mrożonych i rozmrożonych ciemnych wiśni bez pestek
- 120 g (½ szklanki) cukru pudru
- ¾ szklanki wody
- 1 łyżeczka soku z cytryny
- 500 ml (2 szklanki) śmietanki podwójnej

NA polewę:
- 30 g (1 uncja) gorzkiej czekolady
- Cukier puder

INSTRUKCJE:
a) Najpierw przygotuj dacquoise: Rozgrzej piekarnik do 130°C (z termoobiegiem, jeśli to możliwe)/250°F/gaz ½. Posmaruj masłem spód największej blachy do pieczenia i przyklej do niej arkusz pergaminu.

b) Narysuj na pergaminie trzy koła o średnicy 20 cm każde. Można także użyć wstępnie wyciętych kawałków pergaminu. Jeśli trzy kółka nie mieszczą się, użyj dwóch tac.

c) W misce wymieszaj cukier puder i mąkę migdałową. Białka ubijamy ze szczyptą soli na puszystą pianę, dodajemy krem z kamienia nazębnego i ubijamy na puszystą masę. Dodaj cukier puder w trzech lub czterech porcjach, ciągle ubijając, aż uzyskasz miękką bezę.

d) Na bezę wylewamy masę cukru migdałowego i mieszamy szpatułką. Przenieść mieszaninę do rękawa cukierniczego z dużą, gładką końcówką lub do worka do zamrażania i odciąć róg o długości 1½ cm.

e) Wyciśnij mieszaninę na zaznaczone kółka, zaczynając od środka każdego z nich, tworząc spiralę. Wstawić do piekarnika i piec 1 godzinę 30 minut. Jeśli masz dwie blachy, w połowie pieczenia zamień je miejscami, aby zapewnić równomierne pieczenie. Wyłącz piekarnik i pozostaw dacquoise w środku na kolejną 1 godzinę 30 minut lub na noc. Oderwij pergamin.
f) Podczas gdy dacquoise się pieczą, przygotuj wiśnie: umieść je w dużym rondlu z cukrem, wodą i sokiem z cytryny i zagotuj. Trzymaj je energicznie w stanie wrzenia przez 30 minut; Pod koniec smażenia delikatnie zamieszaj, żeby sprawdzić, czy wiśnie nie przyklejają się do dna. Zdejmij patelnię z ognia i ostudź.
g) Ubij śmietanę na puszystą pianę. Dodać wiśnie, odcedzone łyżką cedzakową, kilka zostawiając do dekoracji (syrop można dodawać do napojów lub do lodów).
h) Połóż jeden krążek dacquoise na talerzu lub stojaku do ciasta, płaską stroną do dołu.
i) Rozsmaruj na nim połowę kremu wiśniowego i przykryj drugim krążkiem, płaską stroną do góry.
j) Rozsmaruj na nim resztę kremu i przykryj ostatnim krążkiem (zachowaj do tego ten najładniejszy). Posypać cukrem pudrem i udekorować wiśniami.
k) Rozpuść gorzką czekoladę w bemarze lub kuchence mikrofalowej na małej mocy. Posmaruj nim wierzch ciasta za pomocą widelca.
l) Przed podaniem schłodzić w lodówce co najmniej 2 godziny, aby krem lekko zmiękł dacquoise.
m) Można go przechowywać w lodówce 2-3 dni, ale warstwy dacquoise jeszcze bardziej zmiękną.

56. Cappuccino Jagodowe chrupiące

SKŁADNIKI:
- 4 szklanki świeżych lub mrożonych jagód
- 2 łyżki granulatu kawy rozpuszczalnej
- ½ szklanki granulowanego cukru
- 1 szklanka płatków owsianych typu old fashioned
- ½ szklanki mąki uniwersalnej
- ½ szklanki brązowego cukru pudru
- ½ szklanki niesolonego masła, zimnego i pokrojonego w kostkę
- ½ łyżeczki mielonego cynamonu
- Szczypta soli

INSTRUKCJE:
a) Rozgrzej piekarnik do 175°C i natłuść naczynie do pieczenia o wymiarach 9 x 9 cali.
b) Granulat kawy rozpuszczalnej rozpuszczamy w 2 łyżkach gorącej wody i odstawiamy.
c) W dużej misce wymieszaj jagody i rozpuszczoną mieszankę kawową. Wrzucić do płaszcza.
d) W osobnej misce wymieszaj cukier granulowany, mielony cynamon i szczyptę soli. Posyp tę mieszaniną jagody i wymieszaj.
e) Przełóż masę jagodową do przygotowanego naczynia do pieczenia.
f) W misce wymieszaj tradycyjne płatki owsiane, mąkę uniwersalną, brązowy cukier i zimne masło pokrojone w kostkę. Mieszaj, aż powstanie kruszonka.
g) Posyp równomiernie mieszanką owsianą jagody.
h) Piec przez 35-40 minut lub do momentu, aż polewa będzie złotobrązowa, a jagody zaczną bulgotać.
i) Przed podaniem pozwól mu lekko ostygnąć. Rozkoszuj się chrupiącym cappuccino jagodowym!

57. Wiśnia Bavarois

SKŁADNIKI:
- 1 szklanka gorzkiej czekolady, roztopionej
- ½ szklanki dżemu wiśniowego
- 2 łyżeczki żelatyny
- 3 łyżki zimnej wody
- 2 szklanki gęstej śmietany, ubitej
- Bita śmietana i wiśnie maraschino do dekoracji

INSTRUKCJE:
a) Rozpuścić żelatynę w zimnej wodzie i pozostawić na kilka minut do wyrośnięcia.
b) W rondelku połącz roztopioną gorzką czekoladę i konfiturę wiśniową. Podgrzewaj na małym ogniu, aż składniki dobrze się połączą.
c) Do masy czekoladowo-wiśniowej wmieszaj rozpuszczoną żelatynę.
d) Pozwól mieszaninie ostygnąć do temperatury pokojowej.
e) Delikatnie wmieszać ubitą śmietanę.
f) Połowę masy czekoladowo-wiśniowej wlać do szklanek lub foremek.
g) Dodaj porcję bitej śmietany i wiśnię maraschino.
h) Na wierzch połóż pozostałą mieszankę czekoladowo-wiśniową.
i) Przechowywać w lodówce przez co najmniej 4 godziny lub do momentu stwardnienia.

58. Odwrócone ciasto wiśniowe

SKŁADNIKI:

BYCZY:
- ¼ szklanki margaryny
- ½ szklanki) cukru
- 2 szklanki wiśni

PORCJA CIASTA:
- 1 ½ szklanki mąki
- ½ szklanki) cukru
- 2 łyżeczki proszku do pieczenia
- ½ łyżeczki soli
- 1 jajko
- ½ szklanki mleka
- 3 łyżki tłuszczu piekarskiego, roztopionego

INSTRUKCJE:

a) Rozgrzej piekarnik do 400 stopni Fahrenheita (200 stopni Celsjusza).
b) Na 9-calowej patelni rozpuść ¼ szklanki margaryny.
c) Do roztopionej margaryny na patelni dodać wiśnie wymieszane z ½ szklanki cukru, równomiernie je rozprowadzając.
d) Aby przygotować porcję ciasta, wymieszaj w misce mąkę, ½ szklanki cukru, proszek do pieczenia i sól.
e) Do suchych składników dodać ubite jajko, mleko i roztopiony tłuszcz, wymieszać aż do dokładnego połączenia.
f) Ciasto równomiernie wylać na wiśnie i cukier na patelnię.
g) Ciasto pieczemy w nagrzanym piekarniku przez około 30 minut lub do momentu, aż wykałaczka wbita w środek będzie sucha.
h) BEZPOŚREDNIO po upieczeniu przełożyć ciasto na talerz, tak aby polewa wiśniowa znalazła się na wierzchu ciasta.
i) Podawaj ciepłe ciasto wiśniowe do góry nogami i rozkoszuj się wspaniałym smakiem słodkich wiśni i delikatnego ciasta!

59. Krem z wiśni i migdałów

SKŁADNIKI:
- 2 szklanki gęstej śmietanki
- ½ szklanki granulowanego cukru
- 6 dużych żółtek
- 1 łyżeczka ekstraktu migdałowego
- 1 szklanka świeżych wiśni, wypestkowanych i przekrojonych na połówki
- Pokrojone migdały i świeże wiśnie do dekoracji

INSTRUKCJE:
a) W rondlu podgrzej śmietankę z cukrem, aż zacznie się gotować.
b) Dodaj połówki świeżych wiśni.
c) Zdjąć z ognia i pozostawić do zaparzenia na 15 minut.
d) W osobnej misce wymieszaj żółtka i ekstrakt migdałowy na gładką masę.
e) Powoli wlewaj gorącą śmietankę z dodatkiem wiśni do żółtek, cały czas ubijając.
f) Wlać mieszaninę do pojedynczych filiżanek z kremem i przechowywać w lodówce przez co najmniej 4 godziny przed podaniem.
g) Przed podaniem udekoruj plasterkami migdałów i świeżymi wiśniami.

60.Ciasto Brownie Wiśniowe

SKŁADNIKI:
- 1 opakowanie mieszanki brownie (plus wymagane składniki)
- 1 puszka nadzienia do ciasta wiśniowego
- ½ szklanki półsłodkich kawałków czekolady
- Bita śmietana, do posypania

INSTRUKCJE:
a) Rozgrzej piekarnik zgodnie z instrukcją na opakowaniu mieszanki brownie i przygotuj ciasto na brownie zgodnie z zaleceniami.
b) Rozłóż równomiernie połowę ciasta brownie na dnie natłuszczonej lub wyłożonej papierem formy do ciasta o średnicy 9 cali.
c) Na ciasto brownie wylewamy nadzienie z wiśniami.
d) Nadzienie z wiśniami posypujemy półsłodkimi kawałkami czekolady.
e) Pozostałą połowę ciasta brownie posmaruj nadzieniem z wiśni i kawałkami czekolady.
f) Piec zgodnie z instrukcją na opakowaniu mieszanki brownie, zwykle około 30-35 minut.
g) Przed pokrojeniem poczekaj, aż ciasto brownie całkowicie ostygnie.
h) Podawać z bitą śmietaną na wierzchu.

61. Wiśniowy Szewc

SKŁADNIKI:
- ¼ szklanki mrożonych wiśni
- 1 łyżka cukru granulowanego
- 2 łyżki mąki uniwersalnej
- 1 łyżka masła

INSTRUKCJE:
a) W kubku przeznaczonym do kuchenki mikrofalowej połącz mrożone wiśnie, cukier granulowany, mąkę uniwersalną i masło.
b) Dokładnie wymieszaj składniki, aż wiśnie pokryją się mąką i cukrem.
c) Wstaw kubek do mikrofalówki na dużą moc przez około 1-2 minuty lub do momentu, aż szewc będzie ugotowany, a wiśnie zaczną bulgotać. Dokładny czas gotowania może się różnić w zależności od mocy kuchenki mikrofalowej, dlatego należy go zwracać uwagę.
d) Ostrożnie wyjmij kubek z kuchenki mikrofalowej (może być gorący) i poczekaj, aż szewc ostygnie przez minutę lub dwie przed podaniem.
e) Możesz cieszyć się Cherry Cobbler takim, jakim jest, lub możesz podać go z gałką lodów waniliowych lub kleksem bitej śmietany dla dodatkowej przyjemności.
f) Chwyć łyżkę i zanurz się w ciepłym i owocowym Cherry Cobbler!

62. Ciasto Kremowe

SKŁADNIKI:
- 2 szklanki okruszków krakersów graham
- ½ szklanki roztopionego, niesolonego masła
- 2 (8-uncjowe) opakowania serka śmietankowego, zmiękczonego
- 1 szklanka cukru pudru
- 1 łyżeczka ekstraktu waniliowego
- 1 szklanka gęstej śmietany, ubitej
- 1 (21 uncji) puszka nadzienia do ciasta wiśniowego

INSTRUKCJE:
a) W średniej misce wymieszaj okruchy krakersów graham i roztopione masło. Mieszaj, aż okruchy równomiernie pokryją się masłem.
b) Wciśnij mieszaninę okruchów na dno 9-calowej tortownicy, tworząc równą warstwę. Włóż formę do lodówki, aby się schłodziła na czas przygotowywania nadzienia.
c) W dużej misce ubijaj ser śmietankowy, aż będzie gładki i kremowy.
d) Do serka śmietankowego dodać cukier puder i ekstrakt waniliowy i dalej ubijać, aż składniki dobrze się połączą.
e) Delikatnie wmieszać ubitą śmietanę.
f) Na schłodzony spód tortownicy wylać masę serową i równomiernie ją rozsmarować.
g) Na masę serową wyłóż nadzienie wiśniowe, rozprowadź je tak, aby powstała warstwa.
h) Przykryj patelnię folią spożywczą i wstaw do lodówki na co najmniej 4 godziny lub na noc, aby masa stwardniała.
i) Po stwardnieniu zdejmij boki tortownicy i pokrój ciasto do podania. Ciesz się soczystym ciastem wiśniowym bez pieczenia!

63. Mus cytrynowo-wiśniowo-orzechowy

SKŁADNIKI:
- ½ szklanki całych, naturalnych migdałów
- 1 koperta z niesmakowaną żelatyną
- 3 łyżki soku z cytryny
- 1 szklanka cukru granulowanego; podzielony
- 1 puszka (12 uncji) skondensowanego mleka
- 1 puszka (21 uncji) nadzienia i polewy do ciasta wiśniowego
- 2 łyżeczki startej skórki z cytryny
- ¼ łyżeczki ekstraktu migdałowego
- 4 Białka jaj

INSTRUKCJE:
a) Rozłóż migdały w jednej warstwie na blasze do pieczenia. Piec w piekarniku nagrzanym do 350 stopni przez 12-15 minut, od czasu do czasu mieszając, aż lekko się zarumieni. Ostudzić i drobno posiekać.
b) W małym, ciężkim rondlu zalej żelatynę 3 łyżkami wody. Odstawić na 2 minuty, aż żelatyna wchłonie wodę.
c) Wymieszaj sok z cytryny i ½ szklanki cukru; mieszać mieszaninę na małym ogniu, aż żelatyna i cukier całkowicie się rozpuszczą, a płyn będzie klarowny.
d) Do dużej miski wlać skondensowane mleko; wymieszać z nadzieniem wiśniowym, skórką cytrynową i ekstraktem migdałowym. Dodajemy rozpuszczoną żelatynę, dokładnie mieszając.
e) Schładzaj, aż masa będzie gęsta i konsystencja budyniu.
f) Białka ubić na jasną i puszystą pianę. Stopniowo dodawaj pozostały cukier.
g) Kontynuuj ubijanie, aż powstanie sztywna beza. Włóż bezę do mieszanki wiśniowej. Delikatnie dodaj posiekane migdały.
h) Rozłóż mus łyżką do 8 misek. Przykryj i schładzaj przez co najmniej 2 godziny lub przez noc przed podaniem.

64. Mus wiśniowy

SKŁADNIKI:
- 6 dużych jaj, oddzielonych
- ½ szklanki) cukru
- ¼ szklanki plus 2 łyżki wody
- 3½ litra gęstej śmietany
- 3 ½ szklanki tarty lub słodkich wiśni, puree

INSTRUKCJE:

a) Białka włóż do lodówki, a żółtka do dużej miski ze stali nierdzewnej i odłóż na bok.

b) W ciężkim rondlu wymieszaj cukier i wodę. Mieszać aż do rozpuszczenia i postawić na dużym ogniu. Gotuj przez 2 do 3 minut. Gdy masa będzie klarowna, a cukier całkowicie się rozpuści, zdejmij z ognia i szybko wymieszaj z żółtkami. Za pomocą ręcznego miksera ubijaj tę mieszaninę na dużej prędkości przez 5 do 8 minut lub do momentu, aż będzie sztywna i błyszcząca. Odłożyć na bok.

c) Ubić śmietanę na sztywną pianę i odstawić. Białka ubić na sztywną pianę i odstawić.

d) Do masy z żółtek dodać puree z wiśni i dobrze wymieszać. Dodajemy bitą śmietanę, a następnie białka. Rozlać do pojedynczych naczyń lub dużej miski i szybko wstawić do lodówki na co najmniej 2 godziny, a jeśli to możliwe na dłużej. Podawać z bitą śmietaną lub orzechami jako dekorację.

65. Semifreddo z podwójną wiśnią

SKŁADNIKI:
- 1 szklanka świeżych wiśni, wypestkowanych i przekrojonych na połówki
- 1 szklanka wiśni maraschino, odsączonych i przekrojonych na pół
- ½ szklanki granulowanego cukru
- 1 łyżka soku z cytryny
- 4 duże jajka, oddzielone od siebie
- ½ szklanki granulowanego cukru
- 1 łyżeczka ekstraktu waniliowego
- 1 ½ szklanki gęstej śmietanki
- ½ szklanki mąki migdałowej (opcjonalnie)
- Świeże liście mięty do dekoracji (opcjonalnie)

INSTRUKCJE:
a) W rondlu wymieszaj świeże wiśnie, wiśnie maraschino, cukier granulowany i sok z cytryny. Gotuj na średnim ogniu, od czasu do czasu mieszając, aż wiśnie puszczą sok, a cukier się rozpuści. Zajmie to około 10 minut. Zdjąć z ognia i pozostawić do całkowitego ostygnięcia.
b) Gdy mieszanina wiśniowa ostygnie, przenieś ją do blendera lub robota kuchennego i zmiksuj na gładką masę. Odłożyć na bok.
c) W misce ubić żółtka, cukier granulowany i ekstrakt waniliowy, aż masa będzie gęsta i jasna.
d) W osobnej misce ubijaj ciężką śmietanę, aż utworzą się miękkie szczyty.
e) Delikatnie wmieszaj ubitą śmietanę do masy z żółtek, aż składniki dobrze się połączą.
f) W razie potrzeby dodaj mąkę migdałową, aby nadać semifreddo teksturę.
g) Wlać połowę mieszanki semifreddo do formy do pieczenia lub pojemnika przeznaczonego do zamrażania.
h) Połowę puree wiśniowego wyłóż na masę semifreddo na patelni. Za pomocą noża lub wykałaczki wmieszaj puree w kremową mieszankę.
i) Wlać pozostałą połowę mieszanki semifreddo na wiśniowy wir.

j) Na wierzch wyłóż resztę puree wiśniowego i wymieszaj z kremową mieszanką.
k) Przykryj patelnię folią i zamrażaj przez co najmniej 6 godzin lub przez noc, aż masa będzie twarda.
l) Gdy semifreddo będzie gotowe do podania, wyjmij semifreddo z zamrażarki i pozostaw je w temperaturze pokojowej na kilka minut, aby lekko zmiękło.
m) W razie potrzeby udekoruj świeżymi listkami mięty.
n) Pokrój semifreddo i natychmiast podawaj.
o) Rozsmakuj się w rozkosznym Double Cherry Semifreddo!

66.Tarta Wiśniowa Wirująca Lody Kokosowe

SKŁADNIKI:
- ¾ szklanki plus 2 łyżki odparowanego cukru trzcinowego
- 1 (13½ uncji) puszka pełnotłustego mleka kokosowego (nie lekkiego)
- 1 szklanka mleka niemlecznego
- 1 łyżeczka ekstraktu waniliowego
- ⅓ szklanki suszonych wiśni, grubo posiekanych
- ¼ szklanki wody
- ½ łyżeczki skrobi z maranta lub tapioki
- ½ łyżeczki świeżego soku z cytryny

INSTRUKCJE:
a) W dużym rondlu wymieszaj ¾ szklanki cukru z mlekiem kokosowym i innym mlekiem niemlecznym, wymieszaj. Na średnim ogniu doprowadzić mieszaninę do wrzenia, często mieszając.
b) Gdy masa się zagotuje, zmniejsz ogień do średniego i ciągle ubijaj, aż cukier się rozpuści, około 5 minut. Zdjąć z ognia i dodać wanilię, ubijać do połączenia.
c) Przenieść mieszaninę do żaroodpornej miski i pozostawić do całkowitego ostygnięcia.
d) Podczas gdy baza lodowa ochładza się, w małym rondlu połącz suszone wiśnie z wodą. Gotuj na średnim ogniu, aż wiśnie zmiękną, a mieszanina zacznie wrzeć.
e) W małej misce wymieszaj pozostałe 2 łyżki cukru i skrobię. Posyp powstałą mieszaniną wiśnie i gotuj na wolnym ogniu.
f) Kontynuuj gotowanie, aż mieszanina zgęstnieje, około 3 minut, następnie dodaj sok z cytryny. Przełożyć do żaroodpornej miski do całkowitego wystygnięcia.
g) Wlej bazę lodową do miski 1,5- lub 2-litrowej maszyny do lodów i postępuj zgodnie z instrukcjami producenta. Gdy lody będą już gotowe, przełóż jedną trzecią do pojemnika przeznaczonego do zamrażania, a następnie dodaj połowę schłodzonej mieszanki wiśniowej.
h) Dodaj kolejną trzecią części lodów i posyp pozostałą mieszanką wiśniową.

i) Na wierzch połóż ostatnią trzecią części lodów, a następnie przeciągnij nożem do masła przez mieszaninę 2 lub 3 razy, aby wymieszać. Przechowywać w szczelnym pojemniku w zamrażarce na co najmniej 2 godziny przed złożeniem kanapek.

ABY ZROBIĆ KANAPKI

j) Pozwól, aby lody lekko zmiękły, aby łatwo było je nabierać. Połóż połowę ciasteczek spodem do góry na czystej powierzchni. Nałóż jedną dużą gałkę lodów (około ⅓ szklanki) na wierzch każdego ciasteczka.
k) Na lody połóż pozostałe ciasteczka, tak aby spody ciastek dotykały lodów.
l) Delikatnie dociśnij ciasteczka, aby je wyrównać.
m) Każdą kanapkę zawiń w folię spożywczą lub woskowany papier i włóż do zamrażarki na co najmniej 30 minut przed jedzeniem.

67. Staroświeckie lody

SKŁADNIKI:
- ¼ szklanki soku pomarańczowego
- 0½ 0 uncji Triple Sec
- 2 uncje Jacka Danielsa
- 8 kropli Aromatycznego Bittersu
- 1 ¼ szklanki cukru pudru
- 2 szklanki gęstej śmietany do ubijania
- 1-2 brandy wiśniowe

INSTRUKCJE:
a) Połącz sok, Jack Daniel's, Triple Sec i Bitters w dużej misce.
b) Mieszaj, dodając cukier puder, po ¼ szklanki na raz, aż składniki się połączą.
c) Dodajemy śmietanę i mieszamy aż masa będzie gęsta, ale nie sztywna.
d) Umieścić w szczelnym pojemniku lub blaszce wyłożonej papierem woskowanym i przykrytej folią.
e) Zamrozić, na noc lub na maksymalnie kilka dni.
f) Podawać z brandy i wiśniami.

68. Wiśnia i Migdał Pavlova

SKŁADNIKI:

- 4 białka jaj
- 1 szklanka cukru pudru
- 1 łyżeczka białego octu
- 1 łyżeczka skrobi kukurydzianej
- 1 szklanka bitej śmietany
- 1 szklanka pestek świeżych wiśni
- ¼ szklanki posiekanych migdałów, uprażonych

INSTRUKCJE:

a) Rozgrzej piekarnik do 300°F (150°C). Blachę do pieczenia wyłóż papierem pergaminowym.
b) Ubij białka, aż utworzą się sztywne szczyty. Stopniowo dodawaj cukier, po łyżce stołowej, dobrze ubijając po każdym dodaniu.
c) Dodaj ocet i skrobię kukurydzianą i ubijaj, aż składniki się połączą.
d) Łyżką nałóż mieszaninę na przygotowaną blachę do pieczenia, tworząc okrąg o średnicy 8 cali (20 cm).
e) Za pomocą szpatułki utwórz w środku pavlovej zagłębienie.
f) Piec przez 1 godzinę lub do momentu, aż pavlova będzie chrupiąca na zewnątrz i miękka w środku.
g) Całkowicie ostudzić.
h) Na wierzch pavlovej posmaruj bitą śmietaną. Dodać pestki wiśni i posypać prażonymi, pokrojonymi w plasterki migdałami.

69. Świeży placek wiśniowy

SKŁADNIKI:
- 2 żółtka jaj
- 1 Całe Jajko
- 3 ½ szklanki słodkich dojrzałych wiśni
- ½ szklanki) cukru
- ½ szklanki roztopionego masła
- 1 szklanka mąki
- 3 łyżki ciemnego rumu
- 1 łyżeczka startej skórki z cytryny
- 1 szklanka mleka
- Cukier Puder I Creme Fraiche

INSTRUKCJE:
a) Ostrożnie wydrąż wiśnie, pozostawiając je w całości. Cukier, żółtka i jajko ubić razem na gładką masę.
b) Dodajemy ⅓ szklanki masła, następnie mąkę, rum, skórkę i mleko. Ciasto powinno być bardzo gładkie.
c) W razie potrzeby ciasto można szybko wymieszać w blenderze.
d) Pokryj 9-calowe naczynie do pieczenia lub patelnię pozostałym masłem. Na spodzie ułożyć wiśnie i polać ciastem.
e) Piec w piekarniku nagrzanym do 400 stopni przez 35–40 minut lub do momentu, aż uzyskasz złoty kolor, lekko napęczniejesz i zastygniesz.
f) Podawać na ciepło, posypane cukrem pudrem i łyżką lub dwiema creme fraiche.

PRZYGOTOWANIE CREME FRAICHE:
g) Dodaj 3 łyżki maślanki hodowlanej lub 1 szklankę kwaśnej śmietany do 2 szklanek gęstej śmietanki w rondlu. Delikatnie podgrzej do około 90 stopni. Wyłącz ogień i przelej do czystego słoika.
h) Przykryj luźno i pozostaw w temperaturze pokojowej (75–80 stopni) na 6–8 godzin lub na noc, aż krem będzie bardzo gęsty.
i) Delikatnie wymieszaj, przykryj i przechowuj w lodówce do 2 tygodni.

70.Lody wiśniowe

SKŁADNIKI:
SKŁADNIK BAZOWY
- 1 szklanka śmietanki
- ½ szklanki skondensowanego mleka

BYCZY
- 1 do 2 kropli ekstraktu z kwiatu wiśni
- 4 uncje białej czekolady, posiekanej
- ¼ szklanki wiśni, odsączonych
- Garść pistacji (opcjonalnie)

INSTRUKCJE:
a) Weź czystą i dużą blachę do pieczenia, dodaj śmietanę i skondensowane mleko.
b) Dodaj dodatki i rozgnieć je szpatułką.
c) Rozprowadzić równomiernie i zamrozić na noc.
d) Następnego dnia tą samą szpatułką przetocz lody z jednego końca blachy na drugi.

71. Lody Sernik Wiśniowy

SKŁADNIKI:
- 3 uncje serka śmietankowego, zmiękczonego
- 1 (14 uncji) puszka słodzonego skondensowanego mleka
- 2 szklanki pół na pół
- 2 szklanki śmietanki do ubijania
- 1 łyżka ekstraktu waniliowego
- ½ łyżeczki ekstraktu migdałowego
- 10 uncji wiśni maraschino, odsączonych i posiekanych

INSTRUKCJE:
a) W dużej misce miksera ubić serek śmietankowy na puszystą masę.
b) Stopniowo dodawaj słodzone mleko skondensowane, aż masa będzie gładka.
c) Dodaj pozostałe składniki; Dobrze wymieszać.
d) Przelać do pojemnika do zamrażania lodów i zamrozić zgodnie ze wskazówkami producenta.

72. Ciasto wiśniowe

SKŁADNIKI:
- 1 opakowanie Mieszanka do ciasta czekoladowego
- Puszka 21 uncji nadzienia do ciasta wiśniowego
- ¼ szklanki oleju
- 3 jajka
- Lukier Wiśniowy

INSTRUKCJE:
a) Mieszamy i wlewamy do natłuszczonej formy na Bundt.
b) Piec w temperaturze 350° przez 45 minut.
c) Pozostawiamy do ostygnięcia na blaszce przez 30 minut, a następnie wyjmujemy.

73. Brama Wiśniowa

SKŁADNIKI:
- 3 duże jajka
- 4½ uncji cukru pudru (granulowanego)
- 3 uncje zwykłej mąki
- ½ uncji kakao w proszku
- 15 uncji czarnych wiśni
- 2 łyżeczki Arrowroot
- 1-litrowa śmietana podwójna (do)
- 3 łyżki Kirschu lub brandy
- 3 płatki Cadbury

INSTRUKCJE:
a) Ubij jajka z cukrem, aż masa będzie bardzo jasna i bardzo gęsta, a ubijaczka po podniesieniu pozostawi ślad. Mąkę i kakao przesiać dwukrotnie i dodać do masy jajecznej. Wlać do natłuszczonej i wyłożonej papierem okrągłej formy o średnicy 23 cm/9 cali.
b) Piec w temperaturze 375 F przez około 30 minut lub do momentu, aż będzie twarde w dotyku. Studzimy na drucianej kratce.
c) Gdy ciasto wystygnie, przekrój je na trzy warstwy. Odcedzić wiśnie, zachowując puszkę syropu. Wymieszaj ½ litra syropu (w razie potrzeby dodając wodę) z marantą w rondlu i zagotuj, mieszając. Gotować aż zgęstnieje i będzie klarowny.
d) Wiśnie przekrawamy na połówki, usuwamy pestki i wrzucamy je na patelnię, kilka zostawiając do dekoracji. Fajny. Ubij śmietanę, aż będzie gęsta.
e) Na talerzu ułóż dolną warstwę ciasta, posmaruj połową masy wiśniowej i kolejną warstwą kremu. Przykryć drugą warstwą ciasta. Posyp kirschem lub brandy, a następnie posmaruj pozostałą mieszanką wiśniową i kolejną warstwą śmietany. Na krem ostrożnie nałóż wierzchnią warstwę ciasta.
f) Zachowawszy odrobinę kremu do dekoracji, resztę rozsmaruj na wierzchu i bokach tortu. Na górze wykonaj dekoracyjny wzór. Czekoladę pokruszyć lub zetrzeć na tarce i wycisnąć jej większość na boki ciasta.
g) Zarezerwowany krem wylać na wierzch ciasta i udekorować pozostałą czekoladą oraz zarezerwowanymi wiśniami. Przed podaniem ciasto pozostawić na 2-3 godziny.

74. Suflet wiśniowy

SKŁADNIKI:
- 16 uncji wiśni bez pestek, odsączonych
- 5 łyżek brandy
- 4 kwadraty do pieczenia czekolady
- 2 koperty z niesmakowanej żelatyny
- 3 Jajka, oddzielone
- 14 uncji słodzonego skondensowanego mleka
- 1 ½ łyżeczki wanilii
- 1 szklanka skondensowanego mleka

INSTRUKCJE:
a) Posiekaj wiśnie i zamarynuj je w brandy (lub płynie wiśniowym). Namoczyć żelatynę w ½ szklanki soku wiśniowego.
b) Lekko ubij żółtka; wymieszać ze słodzonym mlekiem i żelatyną. Podgrzewać na małym ogniu, aż żelatyna się rozpuści; dodać czekoladę i podgrzewać, aż się rozpuści, a mieszanina lekko zgęstnieje. Wymieszaj wiśnie i wanilię; schłodzić, aż masa lekko utworzy się po zrzuceniu z łyżki.
c) Ubijaj skondensowane mleko i białka jaj, aż masa będzie sztywna.
d) Wlać mieszaninę żelatyny. Wlać do 1-litrowego naczynia do sufletu z 3-calowym kołnierzem. Schładzać do stwardnienia, kilka godzin lub przez noc. Zdejmij kołnierz; udekoruj wiśniami, lokami czekoladowymi lub bitą polewą.

75. Wiśniowe tiramisu

SKŁADNIKI:
DO NADZIENIA WIŚNIOWEGO
- ½ szklanki soku lub syropu wiśniowego
- 1 szklanka wiśni wydrylowanych w słoikach
- 1 łyżka mąki kukurydzianej
- 2 łyżki cukru

DO MIESZANKI KAWOWEJ
- 2 łyżki kawy rozpuszczalnej
- 1 szklanka gorącej wody

DO KREMU MASKARPONE
- 200 ml gęstej śmietanki
- 250 g mascarpone
- 6-8 łyżek cukru pudru
- 1 łyżeczka ekstraktu waniliowego

DO MONTAŻU
- 15 ciastek biszkoptowych ok. 100 gramów
- sos czekoladowy
- wiórki ciemnej czekolady
- kakao do posypania
- świeże lub suszone wiśnie do dekoracji

INSTRUKCJE:
a) Przygotować nadzienie wiśniowe mieszając 2 łyżki soku/syropu wiśniowego z wiśniami, cukrem i mąką kukurydzianą.
b) Zagotuj pozostały sok wiśniowy i dodaj do niego wiśnie. Mieszaj na małym ogniu, aż płyn zgęstnieje, a wiśnie staną się lekko papkowate. Odstawić do ostygnięcia.
c) Przygotuj kawę, mieszając kawę rozpuszczalną z gorącą wodą i odstaw ją do ostygnięcia. Zamiast kawy rozpuszczalnej możesz także użyć espresso w saszetkach. Potrzebujesz około filiżanki kawy.
d) W zimnej misce ubij ciężką śmietanę na średnią wysokość. Następnie dodajemy mascarpone, cukier puder i ekstrakt waniliowy. Ubijaj, aż wszystko będzie kremowe i gładkie.
e) Gdy wszystko ostygnie, przystąp do montażu. Używam trzech różnych szklanek średniej i dużej wielkości. Możesz użyć dowolnego, które wolisz.
f) Zacznij od zanurzenia biszkoptów w kawie. Nie możesz maczać dłużej niż sekundę. Bardzo szybko stają się miękkie i papkowate. Co więcej, po ułożeniu na wierzchu mascarpone będą nadal mięknąć. Biszkopty

połamać, jeśli są duże i mieszczą się w szklankach do serwowania. Zrób podstawę na spodzie z tylu biszkoptów, ile potrzebujesz.

g) Następnie na wierzch wyłóż odrobinę kremu mascarpone. Skropić odrobiną sosu czekoladowego, tyle, ile chcesz. Następnie dodaj warstwę wiśni. Powtórz tę czynność z kolejną bazą biszkoptów zamoczonych w kawie, a następnie kremu mascarpone.

h) Posypać kakao i posypać odrobiną wiórków czekoladowych. Dodaj na wierzch świeżą wiśnię. I

i) Przed podaniem przechowywać w lodówce przez 2-3 godziny. Ciesz się zimnem!

76. Budyń Chia z owocami wiśni

SKŁADNIKI:

- 2 łyżki nasion chia
- ½ szklanki niesłodzonego mleka migdałowego
- 1 łyżeczka syropu klonowego
- ½ łyżeczki ekstraktu waniliowego
- ⅓ szklanki mrożonych jagód owoców leśnych, rozmrożonych
- 1 łyżka wegańskiego naturalnego jogurtu kokosowego
- 1 łyżka granoli

INSTRUKCJE:

a) Pudding Chia: W małej misce wymieszaj nasiona chia, mleko migdałowe, syrop klonowy i ekstrakt waniliowy. Odstaw na 10 minut, niech lekko zgęstnieje. Po 10 minutach ponownie wymieszaj, aby usunąć ewentualne grudki i równomiernie rozprowadź nasiona w mleku.

b) Pudding chia przełóż do szczelnego pojemnika i włóż do lodówki na co najmniej godzinę, a najlepiej na całą noc.

c) Jogurt wiśniowy: W międzyczasie przygotuj jogurt wiśniowy. Rozgnieć jagody widelcem, aż konsystencja będzie zadowalająca. Alternatywnie możesz użyć małego blendera. Następnie wymieszaj jogurt z puree owocowym, aż wszystko się połączy. Przykryj i przechowuj w lodówce, aż pudding chia zgęstnieje.

d) Dodatki: Gdy wszystko będzie gotowe do podania, na budyń chia nałóż jogurt wiśniowy i posyp odrobiną chrupiącej granoli. Ja też uwielbiam posypywać świeżymi wiśniami.

77. Cannolo Wiśniowe

SKŁADNIKI:
DO CANNOLI
- 2 duże białka jaj
- ⅓ szklanki cukru
- 1 łyżka oleju rzepakowego
- 1 łyżka masła, roztopionego
- 2 łyżeczki czystego ekstraktu waniliowego
- 1 łyżka kakao w proszku
- ⅓ szklanki mąki uniwersalnej

DO PRAŻONYCH WIŚNI
- 2 szklanki świeżych wiśni bez pestek
- ⅓ szklanki cukru
- 2 łyżeczki skrobi kukurydzianej

NA BITĄ ŚMIETANĘ
- 1 szklanka schłodzonej ciężkiej śmietany do ubijania
- 1 łyżka kirschu
- 1 szklanka cukru pudru

INSTRUKCJE:
a) Rozgrzej piekarnik do 375.
b) Lekko natłuść dwie blachy do pieczenia sprayem do pieczenia; odłożyć na bok.
c) W średniej wielkości misce wymieszaj białka, cukier, olej rzepakowy, roztopione masło i wanilię. Ubijaj, aż dokładnie się połączą.
d) Dodać kakao i mąkę; Kontynuuj ubijanie, aż masa będzie gładka i nie pojawią się grudki.
e) Na każdą blachę do pieczenia nałóż 4 kopczyki ciasta, używając 3 łyżek ciasta na każdą, zachowując odstępy między ciasteczkami 3 cale.
f) Tylną częścią łyżki rozłóż każde ciasteczko na grubość około 4 cali.
g) Piec przez 6 do 7 minut lub do momentu, aż krawędzie zaczną się rumienić.
h) Za pomocą szpatułki odsuń ciasteczka od blachy do pieczenia i uformuj je w formę tuby. Możesz użyć okrągłego metalowego naczynia i owinąć wokół niego ciasteczka.
i) Ułóż ciasteczka łączeniem do dołu i ostudź.
j) W międzyczasie przygotuj wiśnie.
k) Rozgrzej piekarnik do 400.
l) Połącz wiśnie, cukier i skrobię kukurydzianą w misce i wymieszaj.
m) Przełożyć do formy/naczynia do pieczenia.

n) Piecz przez 40 do 45 minut lub do momentu, aż sok zacznie bulgotać, mieszając co 15 minut.
o) Pozostawić do całkowitego ostygnięcia i włożyć do lodówki do momentu użycia.
p) Przygotuj bitą śmietanę.
q) W misie miksera połącz schłodzoną, ciężką śmietankę do ubijania, Kirsch i cukier puder.
r) Ubijaj mieszaninę, aż utworzą się sztywne szczyty; schłodzić, aż będzie gotowy do użycia.
s) Złóż ciasteczka
t) Podzielić równomiernie prażone wiśnie i włożyć je do każdej skorupy cannoli.
u) Przygotowaną bitą śmietanę przełóż do rękawa cukierniczego z końcówką w kształcie gwiazdki i wyciśnij nadzienie do muszli cannoli.
v) Podawać.

78. Tarta Wiśniowa

SKŁADNIKI:
- ½ szklanki masła
- 21 uncji nadzienia z ciasta wiśniowego w puszkach
- 1 ¼ szklanki pokruszonych wafli czekoladowych
- 3 jajka
- ⅔ szklanki mąki
- 1 łyżka gęstej śmietanki do ubijania
- ¼ łyżeczki soli
- 2 uncje półsłodkiej czekolady
- ⅔ szklanki cukru
- 1 łyżeczka ekstraktu waniliowego

INSTRUKCJE:
a) W małej misce wymieszaj okruszki waflowe i cukier; wymieszać z masłem. Dociśnij spód i boki lekko natłuszczonego 11-calowego ciasta. karbowana forma do tarty z wyjmowanym dnem.
b) Połóż patelnię na blasze do pieczenia.
c) Piec w temperaturze 350° przez 8-10 minut lub do momentu lekkiego zrumienienia. Studzimy na drucianej kratce.
d) W kuchence mikrofalowej rozpuść masło i czekoladę; mieszaj, aż będzie gładka. Schłodzić przez 10 minut. W dużej misce ubij jajka, cukier, wanilię i sól, aż zgęstnieją, około 4 minut. Zmiksuj masę czekoladową. Wsypać mąkę i dobrze wymieszać.
e) Wlać do skorupy; rozsmaruj równo.
f) Piec w temperaturze 350°C przez 25-30 minut lub do momentu, aż wykałaczka wbita w środek będzie czysta. Całkowicie ostudzić na metalowej kratce.
g) Na wierzchu rozsmaruj farsz do ciasta.
h) W kuchence mikrofalowej rozpuść czekoladę i śmietankę; mieszaj, aż będzie gładka. Studzimy przez 5 minut, od czasu do czasu mieszając.
i) Polej tartę. Schładzaj aż do ustawienia.

79. wiśniowe z ciasteczkami

SKŁADNIKI:

DO LODÓW
- Pojedynczy krem o pojemności 568 ml
- 140 g cukru pudru
- 4 żółtka
- ½ łyżeczki ekstraktu waniliowego
- 200 g gorzkiej czekolady (70% kakao) plus trochę do dekoracji

DO SOSU WIŚNIOWEGO
- 1/2 400 g wiśni z puszki
- 2 łyżki kirschu lub brandy

SŁUŻYĆ
- 148ml śmietanki podwójnej
- 2 łyżeczki cukru pudru
- 2 kwadraty brownie

NA BROWNIE
- 200 g masła
- 175 g ciemnego brązowego cukru
- 140 g cukru kryształu
- 4 jajka
- 50 g mielonych migdałów
- 50 g mąki zwykłej
- 200 g gorzkiej czekolady

INSTRUKCJE:

a) Aby przygotować lody, wlej śmietankę do rondelka i zagotuj. Ubij razem cukier, żółtka i wanilię. Wlać 2 łyżki śmietanki i wymieszać z masą jajeczną.

b) Na patelnię ze śmietanką wlać masę jajeczną, zmniejszyć ogień i smażyć kilka minut, ciągle mieszając drewnianą łyżką, aż krem pokryje grzbiet łyżki.

c) Rozpuść czekoladę w kuchence mikrofalowej na poziomie „High" przez 1 minutę, a następnie dodaj do miski z kremem. Gdy krem ostygnie, ubijaj go w maszynie do lodów zgodnie z instrukcją producenta.

d) Aby przygotować sos, odcedź wiśnie, zachowując płyn i odłóż na bok. Umieść płyn na patelni z kirschem lub brandy i gotuj na wolnym ogniu przez 5 minut lub do momentu uzyskania syropu. Wiśnie włóż z powrotem na patelnię, aby się podgrzały.

e) Aby złożyć lody, ubij śmietanę z cukrem pudrem, aż utworzą się miękkie szczyty. Pokrój brownie na kawałki wielkości kęsa, a następnie umieść garść na dnie 4 szklanek. Na wierzch wykładamy lody, polewamy wiśniami i sosem. Polej bitą śmietaną i posyp startą czekoladą.

f) NA CIASTKA: Rozgrzej piekarnik do 180°C/wentylator 160°C/gaz 4, następnie natłuść i wyłóż kwadratową formę do brownie o średnicy 20 cm. Podgrzej masło i ciemną czekoladę na patelni, aż się rozpuszczą. Wymieszaj ciemnobrązowy cukier i cukier granulowany. Pozostawić do ostygnięcia na 5 minut, następnie wymieszać z jajkami.

g) Wymieszać z migdałami i mąką. Wlać do formy i piec przez 30-35 minut, aż ciasto będzie gotowe.

80. Wiśniowy Bircher

SKŁADNIKI:

- 2 małe gruszki, starte
- 10 łyżek (60g) płatków owsianych
- 1 łyżka kakao w proszku lub kakao w proszku
- 200g jogurtu greckiego plus 4 łyżki
- 5 łyżek mleka
- 1 łyżka syropu klonowego lub miodu plus dodatkowa ilość do podania (opcjonalnie)
- 200 g wiśni, przekrojonych na połówki i wypestkowanych
- 2 kwadraty gorzkiej czekolady

INSTRUKCJE:

a) W misce wymieszaj gruszki, płatki owsiane, kakao, jogurt, mleko i syrop klonowy. Podziel między cztery miski (lub pojemniki, jeśli zabierasz je do pracy).

b) Każdą porcję udekoruj wiśniami, 1 łyżką jogurtu i odrobiną syropu klonowego, jeśli chcesz. Drobno zetrzyj czekoladę na Bircherze, nadając każdej porcji lekki pył.

c) Zjeść od razu lub schłodzić w lodówce do 2 dni.

81. Wiśniowe Zuccotto

SKŁADNIKI:
- 1 szklanka śmietany do ubijania
- 1-2 łyżki cukru
- Puszka 14 uncji nadzienia do ciasta wiśniowego
- 3 łyżki startej ciemnej czekolady
- 1-calowe, dziewięciocalowe pieczone ciasto czekoladowe

INSTRUKCJE:
a) Przekrój ciasto na pół i wciśnij do 8-calowej miski spryskanej sprayem do gotowania, a następnie wyłożonej plastikową folią zwisającą z krawędzi.
b) Po nałożeniu plastikowej folii wciśnij ciasto do środka i DO GÓRY boków miski tak bardzo, jak to możliwe, aby utworzyć górną kopułę.
c) Włóż puszkę wiśni.
d) Weź szklankę śmietanki i ubijaj ją, aż powstanie bita śmietana. Dodaj cukier według własnego uznania, ja wolę mniej słodką bitą śmietanę, ponieważ nadzienie do ciasta jest bardzo słodkie.
e) Bitą śmietanę wyłożyć na ciasto, na wierzch wiśni.
f) Na bitą śmietanę posypujemy wiórkami gorzkiej czekolady.
g) Połóż spód ciasta i odetnij resztę, aż się zmieści. Dociśnij mocno, ale nie tak mocno, żeby wszystko wyszło jedną częścią! Następnie, jeśli masz pozostałą folię, po prostu zdejmij ją ze ścianek miski i przykryj
h) Schłodzić przez noc. Odwróć go na talerz, powinien ładnie wyjść wraz z folią.
i) Usuń plastikowe opakowanie i ciesz się!

82. Wiśnia Boule-de-Neige

SKŁADNIKI:
CIASTO
- Nieprzywierający spray na bazie oleju roślinnego
- ⅓ szklanki konfitury wiśniowej
- 2 łyżki kirschu
- 1 ½ szklanki suszonych wiśni
- 1 funt posiekanej gorzkiej czekolady
- 1 szklanka (2 paluszki) niesolonego masła
- 1 ¼ szklanki cukru
- 1 łyżeczka ekstraktu waniliowego
- 6 dużych jaj
- ⅓ szklanki mąki uniwersalnej

BITA ŚMIETANA KIRSCH
- 2 szklanki schłodzonej śmietany do ubijania
- ¼ szklanki cukru pudru
- 4 łyżeczki kirschu (czysta brandy wiśniowa)
- ¼ łyżeczki ekstraktu migdałowego
- 16 kandyzowanych płatków fiołka

INSTRUKCJE:
NA CIASTO:
a) Umieść stojak w najniższej jednej trzeciej części piekarnika i rozgrzej go do 350°F. Wyłóż metalową miskę na 10 filiżanek folią, rozciągając się na 3 cale po bokach. Spryskaj folię sprayem nieprzywierającym. Mieszaj konfitury z kirschem na średniej patelni na średnim ogniu, aż konfitury się rozpuszczą.

b) Dodaj suszone wiśnie; doprowadzić do wrzenia. Okładka; zdjąć z ognia. Ostudzić.

c) Rozpuść czekoladę z masłem w dużym, ciężkim rondlu na średnim ogniu, mieszając, aż masa będzie gładka. Zdjąć z ognia.

d) Ubij cukier i wanilię, a następnie ubijaj jajka, po 1 na raz. Wymieszaj mąkę, a następnie mieszankę wiśniową. Ciasto przełożyć do przygotowanej miski.

e) Ciasto pieczemy w misce przez 30 minut. Zwiń folię nad brzegami ciasta, aby zapobiec nadmiernemu brązowieniu.

f) Kontynuuj pieczenie ciasta, aż wierzch będzie popękany i suchy, a włożony w środek próbnik wyjdzie z dodatkiem wilgotnego ciasta, około 55 minut dłużej. Ciasto całkowicie ostudzić w misce na kratce (ciasto może spaść do środka).

g) Mocno dociśnij brzeg ciasta, aby zrównał się ze środkiem ciasta. Przykryj i odstaw na noc w temperaturze pokojowej.

NA BITĄ ŚMIETANĘ KIRSCH:

h) Za pomocą miksera elektrycznego ubij śmietanę, cukier puder, kirsch i ekstrakt migdałowy w dużej misce, aż krem będzie sztywny.

i) Przełóż ciasto na talerz. Oderwij folię. Przełóż łyżką bitą śmietanę do dużego rękawa cukierniczego zakończonego średnią gwiazdką. Wyłóż na ciasto gwiazdki z bitej śmietany, całkowicie je zakrywając. Wyciśnij dodatkowe gwiazdki na płaski środek ciasta, tworząc kopułę.

j) Udekorować kandyzowanymi fiołkami.

NAPOJE

83. Bourbon wiśniowo-waniliowy

SKŁADNIKI:
- 1 szklanka pestek świeżych lub mrożonych wiśni
- 1 laska wanilii, podzielona
- 2 szklanki bourbona
- ½ szklanki miodu lub syropu klonowego

INSTRUKCJE:
a) Połącz wiśnie, laskę wanilii, bourbon i miód w szklanym słoju.
b) Zamknij i pozostaw do zaparzenia w chłodnym, ciemnym miejscu na 1 do 2 tygodni, od czasu do czasu potrząsając.
c) Odcedź i przechowuj w czystej butelce.

84. Lemoniada Wiśniowa

SKŁADNIKI:
- 1 funt świeżych wiśni (odłóż kilka do dekoracji)
- 2 szklanki cukru
- 8 szklanek wody
- 6 do 8 cytryn plus dodatkowa ilość do dekoracji

INSTRUKCJE:
a) W średnim rondlu wymieszaj wiśnie, cukier i 3 szklanki wody.
b) Gotować na wolnym ogniu przez 15 minut, następnie pozostawić do ostygnięcia do temperatury pokojowej.
c) Przecedzić mieszaninę przez gęste sitko.
d) Wyciśnij sok z cytryny w takiej ilości, aby uzyskać 1 ½ szklanki soku z cytryny.
e) Połącz sok wiśniowy, sok z cytryny i około 5-6 szklanek schłodzonej wody (dostosuj do swojego smaku).
f) Dobrze wymieszaj i, jeśli chcesz, dodaj cienkie plasterki cytryny i świeże wiśnie, aby uzyskać dodatkowy akcent.

85. Wiśniowe Tutti-frutti

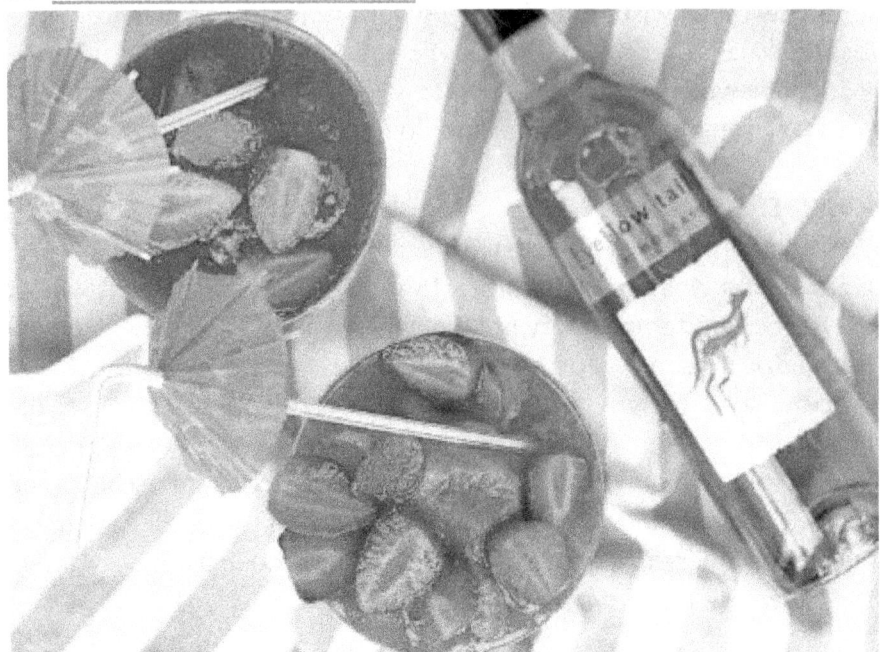

SKŁADNIKI:

- 4 funty truskawek
- 2 funty malin
- 1 funt jagód
- 2 funty brzoskwiń
- Dwie 16-uncjowe puszki wiśni
- 12-uncjowa puszka mrożonego soku z czerwonych winogron
- 12-uncjowa puszka napoju z ananasa, banana i marakui
- 6 funtów cukru
- 2 funty jasnego miodu
- wody w ilości wystarczającej do uzupełnienia pięciu galonów
- 10 łyżek mieszanki kwasowej
- 1 ½ łyżeczki taniny
- 2½ łyżeczki enzymu pektynowego
- 6 łyżek pożywki dla drożdży
- 5 tabletek Campden, pokruszonych (opcjonalnie)
- 1 opakowanie drożdży szampańskich

INSTRUKCJE:

a) Przygotuj wszystkie owoce i włóż je do jednej dużej lub dwóch mniejszych nylonowych torebek. Rozmrozić soki. Umieść je na dnie odkażonego pierwotnego fermentora.

b) Zagotuj około 1 do 2 galonów wody z cukrem i miodem, w zależności od wielkości czajnika. W razie potrzeby przejrzyj.

c) Owoce i soki zalać gorącą wodą z cukrem. Dodaj resztę wody potrzebną do uzupełnienia pięciu galonów i trochę więcej.

d) Dodaj pożywkę dla drożdży, kwas i garbniki, w tym tabletki Campden, jeśli zdecydujesz się ich użyć.

e) Przykryj i zamontuj śluzę powietrzną. Jeśli używasz tabletek Campden, odczekaj co najmniej 12 godzin przed dodaniem enzymu pektynowego. Po kolejnych 12-24 godzinach sprawdź PA i dodaj drożdże.

f) Mieszaj codziennie. Po tygodniu lub dwóch wyjmij torebki z owocami i poczekaj, aż odciekną, nie ściskając ich. Wyrzuć owoce. Sprawdź ilość wina i PA. Jeśli chcesz dodać więcej wody, zrób to. Jeśli masz trochę za dużo, nie martw się. Życie i tak jest za krótkie.

g) Kiedy PA spadnie do 2–3 procent, przelej wino do szklanej butli i zamknij ją śluzą powietrzną.

h) Rozłóż go jeszcze dwa razy w ciągu następnych sześciu miesięcy. Poczekaj, aż wino się wyklaruje i zacznie fermentować.

i) Butelkuj go w dużych butelkach o regularnej wielkości. Poczekaj sześć miesięcy, zanim spróbujesz.

86. Poncz ananasowo- wiśniowy

SKŁADNIKI:
- 3-uncjowe opakowanie mieszanki żelatyny wiśniowej
- 1 szklanka gorącej wody
- 46-uncjowa puszka soku ananasowego, schłodzonego
- 4 szklanki soku jabłkowego, schłodzonego
- ¾ szklanki soku z cytryny
- 1 1 tr. piwo imbirowe, schłodzone
- Do dekoracji: wiśnie maraschino, kawałki cytryny

INSTRUKCJE:
a) Wymieszaj mieszaninę żelatyny i gorącą wodę w małej misce, aż żelatyna się rozpuści.
b) Wlać do dużego dzbanka, wymieszać z sokami; chłod.
c) Gdy wszystko będzie gotowe do podania, dodaj piwo imbirowe do dzbanka, delikatnie mieszając, aby połączyć.

87. Koktajl z burbonem i wiśnią

SKŁADNIKI:
- 4 łyżki bourbona
- 1 łyżka + 1 łyżeczka brandy wiśniowej
- 1 łyżka brązowego kremu kakaowego
- 1 łyżeczka Kahlua

DEKOROWAĆ
- masa śmietankowa (podwójna/ciężka)
- wiśnie maraschino
- starta czekolada/kakao w proszku

INSTRUKCJE:
a) Do każdego kieliszka koktajlowego włóż wiśnię
b) Do shakera lub dzbanka włóż garść lodu, a następnie dodaj cały alkohol
c) Mieszaj przez 20 sekund, a następnie przelej do szklanek
d) Na wierzch koktajlu nałóż odrobinę podwójnej śmietany (patrz uwagi)
e) Posypać startą czekoladą lub odrobiną przesianego kakao

88. Odświeżający ogórek wiśniowy

SKŁADNIKI:
- 1 ogórek, obrany i posiekany
- 1 garść wiśni
- 1 łyżka świeżej kolendry
- 3 szklanki wody

INSTRUKCJE:
a) Umieść składniki w dzbanku.
b) Wstawić do lodówki na kilka godzin do zastygnięcia.
c) Podawać dokładnie schłodzone.

89. Limeada Wiśniowa

SKŁADNIKI:
- 1 szklanka świeżych wiśni bez pestek
- 2 limonki, pokrojone w cienkie plasterki
- Syrop z agawy, do smaku

INSTRUKCJE:
a) Umieść składniki w słoiku z masonem.
b) Podać schłodzone.

90. Woda wiśniowo-miętowa

SKŁADNIKI:
- 8 świeżych wiśni, wypestkowanych i przekrojonych na połówki
- Woda
- ¼ szklanki liści mięty

INSTRUKCJE:
a) Zmiażdż wiśnie i włóż je do słoika.
b) Napełnij słoik wodą; dokładnie wstrząśnij.
c) Podawać schłodzone i smacznego!

91. Makieta Wiśniowa I Pietruszkowa

SKŁADNIKI:
- 7 uncji wędzonego cukru
- 7 uncji świeżych wiśni bez pestek
- 4 gałązki świeżej pietruszki
- 2 łyżki miodu
- sok z 1 cytryny
- soda klubowa

INSTRUKCJE:
a) Połącz wędzony cukier z 8 uncjami wody w rondlu i gotuj na małym ogniu, mieszając, aż cukier się rozpuści.
b) Zdejmij z ognia i dodaj wiśnie i pietruszkę.
c) Przelej syrop do wysterylizowanego szklanego słoika i zaparzaj przez 3 godziny.
d) Syrop smakowy wlać do 4 szklanek, dodać miód i sok z cytryny.
e) Całość uzupełnij schłodzoną sodą klubową.

92. Mrożona mokka wiśniowa

SKŁADNIKI:
- 4 łyżki espresso
- lód
- 1 łyżka syropu czekoladowego
- 1 łyżka syropu wiśniowego
- ½ łyżki syropu kokosowego
- 16 łyżek zimnego mleka
- Bita śmietana; do polewy
- Ogolona czekolada; do polewy
- 1 wiśnia; do przybrania

INSTRUKCJE:
a) Wlej espresso do 12-uncjowej szklanki wypełnionej lodem.
b) Dodać syropy i mleko, wymieszać.
c) Na wierzch połóż dużą porcję bitej śmietany i startej czekolady, a następnie udekoruj wiśnią.

93. Likier śledziowy Bing C

SKŁADNIKI:
- 2 plasterki cytryny
- 1 Piąte VO
- Bingowe wiśnie
- 2 łyżki cukru

INSTRUKCJE:
a) Każdy słoik napełnij do połowy wiśniami.
b) Do każdego dodać po plasterku cytryny i łyżkę cukru.
c) Następnie dopełnij do pełna VO, zamknij szczelnie pokrywkę, wstrząśnij i odstaw w chłodne miejsce na 6 miesięcy.

94. Bourbon wiśniowo-waniliowy

SKŁADNIKI:
- 2 laski wanilii , podzielone
- 8 uncji suszonych lub świeżych wiśni
- 32 uncje whisky

INSTRUKCJE:
a)   Wszystko wymieszać i zaparzyć w chłodnym, ciemnym miejscu na minimum 2 dni.

95. Wiśniowa brandy

SKŁADNIKI:
- ½ funta Bingowe wiśnie. wynikało
- ½ funta Cukier granulowany
- 2 szklanki brandy

INSTRUKCJE:
a) Włóż wiśnie do 1-litrowego słoika.
b) Posyp wiśnie cukrem.
c) Wlać brandy do cukru i wiśni.
d) Strome przez 3 miesiące. NIE WSTRZĄSAJ.
e) Przelej do butelki.

96. Koniak z dodatkiem wiśni

SKŁADNIKI:
- 33 uncje koniaku
- 0,15 uncji lasek wanilii
- 23 uncje Czereśnia bez pestek
- 7 uncji cukru pudru

INSTRUKCJE:
a) Napełnij dwulitrowy słoik pestkami wiśni.
b) Dodać cukier puder, laskę wanilii i koniak.
c) Zamknij słoik i zaparzaj przez 2 tygodnie

97. Wiśniowa Kombucha

SKŁADNIKI:
- 14 filiżanek czarnej herbaty kombucha, podzielone
- 32 uncje czereśni bez pestek

INSTRUKCJE:
a) W robocie kuchennym lub blenderze zmiksuj wiśnie wraz z około 1 szklanką kombuchy, aż do uzyskania płynnej konsystencji.
b) Dodaj purée i pozostałą kombuchę do szklanego słoika o pojemności 1 galona i zakryj go czystą białą szmatką zabezpieczoną gumką.
c) Pozostaw słoik na blacie w ciepłym miejscu, w temperaturze około 72°F, na co najmniej 12 godzin i nie więcej niż 24 godziny. Im dłużej się stromi, tym silniejszy będzie smak wiśni.
d) Przelej kombuchę przez sitko z siatki drucianej nad dużym słoikiem lub garnkiem, aby usunąć wszelkie pozostałości.
e) Za pomocą lejka przelej kombuchę do butelek i szczelnie je zakręć. Umieść butelki w ciepłym miejscu, około 72°F, aby fermentować przez 48 godzin.
f) Przechowywać w lodówce 1 butelkę przez 6 godzin, aż do całkowitego schłodzenia. Otwórz butelkę i spróbuj kombuchy. Jeśli jest satysfakcjonujący, przechowuj wszystkie butelki w lodówce i podawaj po schłodzeniu.
g) Po uzyskaniu pożądanego musowania i słodyczy przechowuj wszystkie butelki w lodówce, aby zatrzymać fermentację.

98. Wiśniowe Martini

SKŁADNIKI:
- 2 uncje wódki waniliowej
- ½ uncji likieru czekoladowego
- ½ uncji Creme De Cacao
- 2 łyżeczki soku wiśniowego
- Dekoracja: bita śmietana/wiórki czekolady/wiśnia

INSTRUKCJE:
a) W szklance wypełnionej lodem połącz wódkę waniliową, likier czekoladowy, creme de cacao i sok wiśniowy.
b) Dobrze wstrząsnąć.
c) Przelej do kieliszka typu coupe i posyp bitą śmietaną, wiórkami czekoladowymi i wiśnią.

99. Koktajl mleczny Wiśnia Boba

SKŁADNIKI:
- 110 ml czekoladowego napoju mlecznego
- 3 miarki mleka w proszku
- 2 miarki proszku wiśniowego
- Kilka łyżek kruszonego lodu
- A także kilka gałek pereł boba

INSTRUKCJE:
a) Wszystko wstrząśnij w kubku z pokrywką.
b) Na koniec lód i perły boba.

100. Koktajl wiśniowo-waniliowy

SKŁADNIKI:
- 1 szklanka mrożonych wiśni bez pestek
- ¼ szklanki surowych orzechów makadamia
- ½ banana, pokrojonego na kawałki
- ¼ szklanki suszonych jagód goji
- 1 łyżeczka czystego ekstraktu waniliowego
- 1 szklanka wody
- 6 do 8 kostek lodu

INSTRUKCJE:
a) Wszystkie składniki oprócz lodów umieścić w blenderze i zmiksować na gładką i kremową masę.
b) Dodaj lód i przerób ponownie. Pij lodowato zimne.

WNIOSEK

Kończąc naszą podróż po świecie wiśni, mam nadzieję, że ta książka kucharska zainspirowała Cię do odkrywania słodkich i cierpkich smaków tego ukochanego owocu we własnej kuchni. „NAJLEPSZA KSIĄŻKA KUCHENNA WIŚNIOWA" została stworzona z pasją do celebrowania pysznej wszechstronności wiśni, oferując szeroką gamę przepisów na każdy gust i każdą okazję.

Dziękuję, że jesteś ze mną w tej kulinarnej przygodzie. Niech Twoja kuchnia wypełni się nieodpartym aromatem ciast wiśniowych pieczonych w piekarniku, słodką nutą dżemu wiśniowego gotującego się na kuchence i żywymi kolorami sałatek wiśniowych zdobiących Twój stół. Niezależnie od tego, czy lubisz wiśnie jako słodką przekąskę, czy dodajesz je do pikantnych potraw, niech każdy kęs będzie celebracją smakowitości tego ukochanego owocu.

Do ponownego spotkania życzymy udanego gotowania i niech Wasze kulinarne kreacje nadal zachwycają i inspirują. Pozdrawiamy wspaniały świat wiśni i radość, jaką wnoszą na nasze stoły!

www.ingramcontent.com/pod-product-compliance
Lightning Source LLC
Chambersburg PA
CBHW071325110526
44591CB00010B/1029